VIDAS MACHUCADAS

HISTÓRIA ORAL APLICADA

Conselho Acadêmico
Ataliba Teixeira de Castilho
Carlos Eduardo Lins da Silva
Carlos Fico
Jaime Cordeiro
José Luiz Fiorin
Magda Soares
Tania Regina de Luca

Proibida a reprodução total ou parcial em qualquer mídia
sem a autorização escrita da editora.
Os infratores estão sujeitos às penas da lei.

A Editora não é responsável pelo conteúdo deste livro.
O Autor conhece os fatos narrados, pelos quais é responsável,
assim como se responsabiliza pelos juízos emitidos.

Consulte nosso catálogo completo e últimos lançamentos em **www.editoracontexto.com.br**.

Leandro Seawright

VIDAS MACHUCADAS
HISTÓRIA ORAL APLICADA

Prefácio
Michel Maffesoli

Copyright © 2022 do Autor

Todos os direitos desta edição reservados à
Editora Contexto (Editora Pinsky Ltda.)

Foto de capa
Eric Ward em Unsplash

Montagem de capa e diagramação
Gustavo S. Vilas Boas

Preparação de textos
César Carvalho

Revisão
Bia Mendes

Dados Internacionais de Catalogação na Publicação (CIP)

Seawright, Leandro
Vidas machucadas : história oral aplicada / Leandro
Seawright ; prefácio de Michel Maffesoli. –
São Paulo : Contexto, 2023.
192 p.

Bibliografia
ISBN 978-65-5541-232-1

1. História oral I. Título II. Maffesoli, Michel

22-7128   CDD 907.2

Angélica Ilacqua – Bibliotecária – CRB-8/7057

Índice para catálogo sistemático:
1. História oral

2023

EDITORA CONTEXTO
Diretor editorial: *Jaime Pinsky*

Rua Dr. José Elias, 520 – Alto da Lapa
05083-030 – São Paulo – SP
PABX: (11) 3832 5838
contato@editoracontexto.com.br
www.editoracontexto.com.br

Para José Carlos Sebe Bom Meihy,
por tudo.

Sumário

PREFÁCIO
COMUNIDADES 9
Michel Maffesoli

APRESENTAÇÃO 15

ESCREVER A SOBREVIVÊNCIA 23
    Sobreviventes 23

ESCUTAR A DOR: *STANDARD* DE HISTÓRIAS

GLEICE AGUILAR DOS SANTOS 33
    Renascimento 33
    História 1 – "Nós somos sobreviventes" 37
    Sob a mira de uma *alma* 52
    Pacto entre mulheres 55

MÁRIO JOSÉ PARADAS 59
    Migração 59
    História 2 – "Ao final de tudo, tudo dói" 63
    Emigrar para viver 75
    Trabajar, trabajar e trabalhar! 78

MERINA ADELINA RAMONA 83
  Espiritualidade 83
  História 3 – "Era uma luta grandiosa pelo território sagrado" 87
  Memória como ritual de luta 103
  Lugar de ser indígena 106

MARCO ANTONIO DELFINO DE ALMEIDA 111
  Proteção de direitos 111
  História 4 – "Entendo que sou um defensor de direitos humanos" ..114
  Racismos à moda da casa 136
  Indiferença agressora 141

MÁRCIA APARECIDA RODRIGUES 147
  Esperanças possíveis 147
  História 5 – "É como ter que matar o próprio luto" 151
  Crise e sensibilidade 159
  Luto do luto 163

CONVERSAR MEMÓRIAS 167
  Vínculos de desiguais 167
  Lembranças sobreviventes 170
  Dignidade comunitária 173
  Violência(s) 176
  Cicatrizes 180

Referências 185

O autor 191

PREFÁCIO

Comunidades

É uma honra e um prazer prefaciar trabalhos de colegas brasileiros, integrando-me, assim, ao profícuo diálogo que mantenho com muitos deles há mais de 40 anos. Um dos meus primeiros livros, *O tempo das tribos* (1988), apresentado pelo já falecido colega e amigo Luiz Felipe Baêta Neves, foi publicado no Brasil um pouco antes de seu lançamento na França.

É ainda das "tribos", ou, como prefere, das *comunidades*, que nos fala o professor Leandro Seawright.

Quando iniciei minhas viagens pelo Brasil na década de 1980 – ao mesmo tempo que recebia estudantes brasileiros que vinham escrever teses sob minha orientação no Ceaq,[1] na Sorbonne – a *doxa marxista* ainda estava viva, tanto no Brasil como na França. É claro que não se falava de "tribos" exceto no sentido etnológico do termo, o que era historicamente datado e não se aplicava de forma alguma às sociedades do presente. Nem estávamos falando, ainda, de *comunidades*. Na França porque, desde a Revolução Francesa, a noção de *comunidade* foi maculada por certo sentido antirrepublicano e, no Brasil, porque prevaleceu a análise de classes sociais entre exploradores e explorados.

Não nego de forma alguma que haja diferença no processo de produção industrializada entre aqueles que possuem capital e aqueles que vendem sua força de trabalho, mas já pensava à época que não poderíamos reduzir a vida em sociedade às "infraestruturas materialistas". O materialismo histórico não só deixa de explicar o conjunto das relações sociais, mas a redução da vida em sociedade ao seu componente material, racionalista e determinista não levou à emancipação. Pelo contrário, levou a autoritarismos aterradores que tomaram formas mais ou menos cruéis dependendo do país.

Ao prestar atenção não apenas nas relações econômicas e nos determinantes de classe, mas também no conjunto de fenômenos que a modernidade obscureceu, tais como as criações individual e coletiva, as relações afetivas e os reagrupamentos emocionais, constatei a importância da vida cotidiana, da imaginação, dos sonhos, dos sentimentos. Em suma, observei e valorizei aqueles impedimentos que a *via recta* do racionalismo abandonou pelo caminho (Thomas Kuhn). Nesse sentido, o Brasil, com a frase de Auguste Comte em sua bandeira, "Ordem e progresso", compartilhou do progressismo nascido da Revolução Francesa.

Além disso, percebi muito cedo que o Brasil – companheiro de viagem da Europa durante a modernidade – estava entrando na pós-modernidade pelo menos tão rapidamente quanto o mundo europeu. Cheguei a dizer muito cedo, aliás, que o Brasil é, assim como a Coreia do Sul, o *laboratório da pós-modernidade*. A observação da sociedade brasileira, durante minhas numerosas viagens, inspirou grande parte da análise do tribalismo pós-moderno e das *comunidades*.

É, portanto, com prazer e interesse que prefacio o trabalho do meu colega, professor Leandro Seawright, dedicado às *comunidades sobreviventes* a partir de três pontos de vista.

Em *primeiro lugar*, interessa-me o *ponto de vista metodológico*. Podemos compreender o desenvolvimento tribal da sociedade, isto é, a transição do *ideal democrático* (Hannah Arendt) para o *ideal comunitário* de acordo com as principais estruturas imaginárias de grupos sociais determinados: foi o que tentei fazer em muitos dos meus livros.[2] Desse modo, analiso a mudança de valores que acompanham essa transição do *Eu* para o *Nós*. Tomo, na sequência, alguns dos grandes fenômenos sociais que constituem a *comunidade*. Foi na modernidade que se construiu o vínculo por meio do *contrato social*, da relação jurídica e puramente racional entre indivíduos. A economia, então, teve que explicar o comportamento social. Conhecemos a teoria da *mão invisível do mercado*, segundo a qual cada indivíduo busca maximizar seu próprio interesse. Voltado aos temas negligenciados pela sociologia marxista, desde muito cedo me despertei ao imaginário social (Gilbert Durand), aos sonhos, à fantasmagoria, à vida cotidiana, à criação de outro laço e de outra forma de "estar junto".

Neste livro, o professor Leandro Seawright desenvolveu sua argumentação a partir de uma metodologia oportuna: o autor analisou de forma concreta a formação de *comunidades* com base em histórias de vida, de testemunhos e de experiências sofridas. A história de vida não é apenas comportamento ou fato objetivo, mas toda a narrativa da pessoa que, a partir de certo evento, inscreve-a num todo: numa *comunidade*, precisamente. Na década de 1980, publicamos vários livros, na França, dedicados às histórias de vida. Menciono dois deles, publicados na Collection vie quotidienne, que dirigi na Librairie des Méridiens: de Maurizio Catani, *Tante Suzanne: une histoire de vie sociale*, e, de Franco Ferrarotti, *Histoire et histoires de vie*.

O interesse metodológico de Leandro Seawright nas histórias de vida está explicitamente no devir *comunitário* de experiências que combinam problemas sociais, dores pessoais e identidades de grupos. Isto é, no modo como a pessoa constrói por meio dessa história oral e, depois, escrita (escrita a partir da memória, diz o autor), sua *comunidade* de pertencimento. A *comunidade* analisada pelo autor pode ser algo semelhante ao que terapeutas descrevem como "comunidades de pares". No entanto, como a história ouvida é inteira e não apenas fracionada em fenômenos dolorosos, transcende aspectos meramente utilitários. Tudo isso, é claro, sem jamais esconder o que os entrevistados quiseram contar.

A recolha da história de vida nos permite observar sem filtros o devir da *comunidade*.

O *segundo ponto de vista* é, na minha opinião, interessante porque *rompe com a visão demasiadamente maniqueísta do mundo*, que o divide em acontecimentos felizes e infelizes. Esse conjunto de cinco histórias dolorosas mostra como tornar-se *comunidade* transformará ou, de outra forma, transfigurará (transcriará, como prefere o autor) essas memórias doloridas em fermento para um "estar junto" que vai além do destino individual e o integra no destino comum. É de fato o confronto com a morte, o infortúnio, a dor, a finitude humana que permitirá a empatia, a sensibilidade e, assim, o vínculo social, ou melhor, a vinculação societária. Em contraste com os gélidos vínculos jurídico e econômico, existem na sociedade contemporânea o calor humano, a energia, a vontade de viver que transcendem relações materiais e contratuais. As histórias deste livro demonstram esse calor.

Finalmente, o *terceiro ponto de vista* está totalmente alinhado com o que penso sobre a ambiência da sociedade pós-moderna e o ideal comunitário. As *comunidades são construídas com base em afinidades, sentimentos compartilhados, dores e estética comum*. Foi o que chamei de *ética da estética*. O conjunto de histórias orais desses eventos infelizes é semelhante ao "rito piacular", o qual Émile Durkheim entendeu como uma das formas elementares da vida religiosa. Desse modo, *religio* se refere à confiança, à (re)ligação. A dor vivida por segmentos definidos faz que cada pessoa saia da sua história singular, ligando-se à outra, aos outros, e permite-lhe estar ancorada na *comunidade*. Isso não impediria, por certo, a evolução das sociabilidades e dos laços que a pessoa constrói no interior do grupo, das *redes*.

Da mesma maneira, dizendo-se de forma mais direta, a morte de um membro da *comunidade* e todo o ritual fúnebre que se segue pode conduzir as pessoas da extrema tristeza à evocação alegre (memória afetiva) do membro do grupo ao final do *ágape* – algo difícil de explicar e quase transcendental. Devagar, o acontecimento trágico inicial pode se emancipar do seu contexto doloroso, fazendo-se sentir de forma mais esparsa, e ser percebido de forma mais leve. Não é raro que o acontecimento trágico crie a fundação, a força do vínculo. Assim é que a *comunidade* derrete certa geleira do trágico acontecimento. Trágico e não dramático. Porque os eventos tristes contados nessas cinco histórias testemunhais não desaparecem, não perdem seu caráter infeliz. Na perspectiva de quem os vivenciou, não há solução para esses problemas – no sentido de serem ocorrências irreversíveis: violências de gênero e outras violências. Eles *não* desaparecem e *não* podem *não* ter sido como foram. De outra maneira, esses eventos tristes não deveriam ter acontecido, mas aconteceram, e isso alterou as histórias das pessoas entrevistadas.

Estamos envolvidos nessas memórias e podemos mergulhar nelas. Significa que, pouco a pouco, a *comunidade* permite que o machucado – por triste que seja – cicatrize, que o trágico evento se torne realidade. É isso que transforma a história individual em destino comunitário – em destino comum: *comunidade de destino.*

Michel Maffesoli
Professor emérito da Sorbonne
e membro do Instituto Universitário da França.

Notas

[1] Centre d'Études sur l'Actuel et le Quotidien (Ceaq), Université René Descartes, Sorbonne-Sciences Humaines.

[2] Cf. um dos meus livros mais recentes: *La force de l'imaginaire*, Montreal, Liber, 2016.

Apresentação

"O retorno do ideal comunitário, a revivescência da alma coletiva estão aí como levando em conta estratos ou embasamentos sobre os quais se erige toda vida em comum. Depois de um parêntese, o dos tempos modernos, eis que volta com força a afirmação dessas 'dobras'. É nelas, se soubermos compreendê-las, que se vão instalar a força e a permanência do sentimento de pertença comunitária."

Michel Maffesoli

De certa forma, escrever é recomeçar. Em história oral aplicada não se fala em recomeços, contudo, sem antes ouvir narrativas de pessoas.[1] Nesse sentido é que as histórias de vida têm na *memória de expressão oral* o seu campo privilegiado de investigação, de criatividade. Não se pode negar a atração da história oral. Isto é, a possibilidade de escutar, de sentar ao lado das pessoas, de tocar o chão comum da vida, de dar a atenção devida, de compreender a parte decodificada do mundo alheio. A atitude radicalizada de escuta é pressuposto dos projetos em história oral. Trata-se das produções dos laços, das confidências esparramadas e, neste caso, das histórias contadas na dor de ser humano em tempos angulados pela dificuldade.

As memórias verbalizadas – machucadas por circunstâncias – provocam reflexões sobre a vida em *comunidade*. Cabe considerar que *comunidade* também é comunhão, seja dos mesmos sofrimentos, dos destinos comuns, da produção do *alegre efêmero* ou dos sentidos construídos no conjunto. As *comunidades* são, além disso, coletivos da sobrevivência. São grupos marcados pela vivência da dor que se lembra em conjunto e sem a qual o grupo não seria como é no tempo imediato.[2] Entre histórias de vida e testemunhal,[3] tornou-se possível a escrita deste livro "sobre vivências" que sinaliza para sobreviventes e para *vidas machucadas*.

Os tempos – em períodos distinguidos – proporcionam criações de metáforas vivas. Entre as várias possíveis, já se disse que os tempos eram "fraturados" e, depois, de "liquidez" nas relações sociais. A própria expressão "os tempos", no plural, pode indicar mais do que períodos encerrados na aridez cronológica. Com frequência se diz que "os tempos são difíceis", sinalizando para acontecimentos e para o *mysterium* trágico que se insinua

Neste caso, cuida-se do sobrevivente do dia a dia, de quase todos os dias; trata-se do sobrevivente comum que busca cicatrização depois da dor, da violência, da desventura. Sem ser o clássico das guerras convencionais e, irrestrito à Era dos Extremos no século XX, consagra-se, aqui, o sobrevivente inscrito no cotidiano em que a vida acontece, cujo ambiente trágico mais amplo é filtrado pelas sutilezas da vida comunitária.

Atualmente, o sobrevivente vive a vida machucada em busca de cicatrização e como permanência no mundo; rebeldia de ser, atitude de fala.

neles. Mas o tempo imediato, este agora, assemelha-se à rachadura do vidro de uma janela. É como se o impacto de certo objeto atirado tivesse feito com que o vidro rachasse. Desse modo, mesmo que o vidro se quebrasse, os estilhaços de bordas trincadas poderiam permanecer de alguma forma juntos.

Comunidade é, entre outras coisas, aquela que mesmo quebrada, ou com rachaduras à mostra, permanece de alguma forma junta – em comunhão de trajetórias, de sentidos. Não quer dizer que seja uniforme, mas que esteja junta ainda que quebrada. A *comunidade* está unida pelo vínculo da memória, o que está longe de significar que não sofra divergências. Assim, a memória de expressão oral fica relacionada à noção de experiência, porque há importantes *redes* contraditórias no interior de grupos. Se as experiências mudam, as memórias – plásticas, maleáveis, caminhantes – se alteram. Por isso, análises *transcriativas* de *memórias faladas* não ocorrem com base nos mesmos critérios para a "interpretação" de documentos escritos. O que se quer é a atração de histórias concretas, que mexem e remexem; atraem cativas as atenções, perturbam, desnaturalizam, humanizam, confessam, escondem, revelam. Silêncios e gêneros de vozes, além de testemunhos e tensionamentos do *ético estético*, tudo convida à escuta ou à composição de histórias escritas depois.

Para sobreviver, a memória de determinada *comunidade* encontra caminhos, adapta-se logo e se reelabora com vivacidade. Lembranças recordadas fazem da memória um fenômeno mais amplo.[4] Esse é, portanto, o campo sensível das *comunidades* e a razão de ser da história oral.[5] Por isso, *comunidades* são emocionais, operando na chave da memória enunciativa. A esse propósito, *comunidades* são afetadas no afeto lembrado, na dor como sintoma. Esse é o motivo para não se desprezar as emocionalidades recordadas, os sentimentos acalorados e, logo após, refrescados por experiências que ressurgem de outro modo.

Comunidades são feitas da matéria de gente, e gente é feita do calor da memória. Pessoas, é claro, não são feitas somente de memória, mas é possível argumentar em favor de o humano ser *animal mnemônico* por excelência. Só existe pertencimento e laço social porque o *animal feito de memórias* é capaz de se lembrar, de imaginar, de divagar e de estabelecer horizontes para a permanência insistida no mundo.

Assim, *comunidade de destino* é parte que permanece no enlace – mesmo que alquebrada – pela elaboração conjunta dos *afetos*, dos afetados, dos *estilhaçados*. Disse Ecléa Bosi que *comunidade de destino* "significa sofrer de maneira irreversível, sem possibilidade de retorno à antiga condição, o destino dos sujeitos observados" – neste caso, das pessoas escutadas.[6] Escutar pessoas não é só ouvir inerte a história dita após perguntas sucedidas, mas ziguezaguear entre contadores da vida e tomar consciência da responsabilidade do não retorno. Além disso, as *comunidades falantes* fazem com que a história oral aplicada seja implicada em processos sutis do cotidiano, do imaginário e de sobreviventes que escapam ao "clássico" da memória restrita aos *extremos* da Europa no século XX. Hoje, tanto no Brasil como na Europa, experimenta-se a Era dos Levantes/da Revolta.[7] Vive-se a crise que faz da *modernidade envelhecida* o corredor e a passagem para nova condição.

As cinco histórias apresentadas neste livro são derivadas de entrevistas feitas em momentos diversos. Reportam às histórias do dia a dia, do pequeno épico, da prosa oralizada por meio da narrativa comum.

Entrevistados	Comunidades afetadas	Datas das entrevistas
Gleice Aguilar dos Santos	Mulheres que sofrem violência de gênero	17/01/2022
Mário José Paradas	Imigrantes venezuelanos que sofrem xenofobia	24/10/2021
Merina Adelina Ramona	Indígenas que sofrem esbulhos territoriais	03/11/2018
Marco Antonio Delfino de Almeida	Protetores de direitos	11/12/2019
Márcia Aparecida Rodrigues	Afetados em decorrência da pandemia de covid-19	17/12/2021

As histórias gravadas têm potencial de suscitar eventos ligados à sensibilidade humana, às experiências de sofrimento e às possibilidades de reimaginar sentidos para vidas despedaçadas. Gleice é policial militar aposentada que viveu *violência de gênero*, enquanto Mário, imigrante venezuelano, experimentou situações agressivas e xenófobas. Merina testemunhou o renitente esbulho territorial contra indígenas da etnia *Kaiowa*, e Marco Antonio se tornou procurador da República, atuou ao longo dos anos contra o racismo e é um dos protetores de direitos dos povos indígenas no país.

Que dizer de Márcia que, assim como tantas, teve o fluxo da vida familiar alterado em consequência da covid-19? Engana-se quem acha que o recrudescimento fatalista marcou essas histórias de vida ou que as memórias foram encerradas no *drama*. As histórias chamam a atenção para o dado humano e apresentam pistas à compreensão do *tom vital* de cada narrador. Aliás, o tônus – mensagem central das histórias – carrega todo o caráter testemunhal do vivido: são histórias francas, abertas e de memórias selecionadas pelos próprios interlocutores. Quem decide, então, aquilo que os entrevistados podem ou não contar? A manutenção de cada episódio foi compromisso tácito do qual não se pôde prescindir.

Mas seria possível que uma mulher que sofreu agruras escolhesse – como *ato de soberania* – contar sua história para um homem? De outra maneira, poderia uma mulher indígena narrar para um homem não indígena? A inquietude se complementa quando, além disso, um imigrante venezuelano escolhe falar para um brasileiro, um homem negro decide dar entrevista para um branco e uma mulher que sofreu perda irreparável na pandemia de covid-19 é entrevistada por quem não viveu dor análoga. Ao escancarar histórias de conteúdo sensível, o que também se pretende é romper com a *não escuta* e privilegiar a construção *com* o público, *para* o público.

Por sua vez, a *doxa* dos nossos tempos é outra: nega a possibilidade de diálogo *colaborativo* em sentido amplo e sem interdições. Em seu lugar, porém, as *vidas machucadas* não querem esconder a dor (*falar* é escolha dos narradores), pois, no lugar da *doxa*, emerge espécie viva de *saberes no comum da existência humana. Episteme do comum*, a qual toca na terra partida e seca da indiferença ou da *não escuta*. Há limites para a história oral? Ou, de outro modo, seria possível exigir *ouvidos moucos* à dor do outro somente porque há diferenças? É urgente que se fale em identidades nas teias de grupos variados, em diferenças não raro intransponíveis e em se consagrar não só a *arte da escuta*, mas *a coragem da escuta do outro* nos *atos de soberania narrativa*.

Sofrer, nada mais humano. Ainda que com gradações de foro íntimo e elaborações coletivas, o sofrimento pode vincular ou adoecer; grude de dupla face: sofre a pessoa, sofre a *comunidade* na inter-relação da memória coletiva.[8] É imperiosa a morte que nivela, como dizem. Mas o sofrimento revela o "húmus" que há no humano – o comum da vida, a matéria com que cada ser é feito. Desbanalizar o sofrimento é isso: ouvir memórias faladas, dar-lhes contornos textuais e dignificar as cicatrizações possíveis; fazer menos perguntas, abdicar de explicações bem-intencionadas, valorizar os gestuais, escutar os silêncios, textualizar eventuais lágrimas e devolver boas histórias.[9]

Ora, as boas histórias são histórias de vida e testemunhais – aquelas em que, no momento de escuta, o "fim" ainda não é conhecido, porque não foi alcançado. Não existe, desse modo, início óbvio, meio linear e "fim" predeterminado. A noção de início e meio é recriada na espontaneidade de lembranças trazidas uma a uma. Detalhes, sofrimentos, revivescências, soluções e espasmos de vida – tudo nesse *standard de histórias* convida por meio de detalhes e, em seguida, surpreende pelas artérias na *alma* de cada entrevista.[10]

Se é assim, cabe perguntar: mais um livro sobre as *vítimas*, por quê? Este é um livro sobre pessoas que – sem se conhecerem – comungam da desventura, assim como do recomeço. É uma abordagem sobre os sentimentos, as razões emotivas e a vida como dizem que ela é. Trata-se de escuta sensível. Afinal, como se sentem aqueles que têm seus direitos violados ou que vivem sob agressões e ameaças? Para responder, é necessária a escrita que propõe ir além das representações sobre fatos e estimula narradores à consagração da representatividade. Se nem todas as *comunidades* estão, por lógico, representadas na obra, de certa forma o trajeto pontilhado pela sensibilidade recomenda mais projetos que levem à escuta de quantos grupos forem possíveis – daqueles cujo gestual de fala é irrenunciável.

Assim como fazem Svetlana Aleksiévitch e um dos introdutores da história oral no Brasil, José Carlos Sebe Bom Meihy, são disponibilizadas histórias inteiras, neste caso, antecedidas de apresentações e sucedidas de análises tópicas. A razão é simples, mas pede alguma explicação: não se pensa ser possível apresentar pela metade as histórias daqueles que as contaram por inteiro na medida de sua inteireza. Tampouco fragmentar as memórias ou fazer uma "história oral pinçada" seria solução para enfrentar os sofrimentos dos que se refazem ao tempo do estilhaçamento. O livro tem três partes, sendo a primeira útil como texto premonitório: "Escrever a sobrevivência"; a segunda, nuclear: "Escutar a dor: *standard* de histórias"; por fim, a terceira, que propõe: "Conversar memórias". Em todas as partes, são chamados autores das humanidades ao trabalho dialógico, mas sempre partindo das entrevistas das quais são *colaboradoras* pessoas inquietadas com as próprias condições.

Por se tratar de inteirezas dos tempos atuais, de quebraduras sociais e de machucados da vida humana, não é demais relembrar Fernando Pessoa: "Para ser grande, sê inteiro: nada teu exagera ou exclui/Sê todo em cada coisa/Põe quanto és no mínimo que fazes."

Notas

[1] Para mais sobre a modalidade aplicada da história oral, ver José Carlos Sebe Bom Meihy e Leandro Seawright, *Memórias e narrativas: história oral aplicada*, São Paulo, Contexto, 2020.

[2] Ao longo de toda a obra, a referência ao *imediato* não pode ser confundida por seus desdobramentos *imediatista, apressado* ou ensimesmado.

[3] Este livro decorre do cruzamento dos gêneros narrativos de *história oral de vida* (partindo da vida mesma) e de *história oral testemunhal* (partindo do trauma).

[4] Maurice Halbwachs, *A memória coletiva*, São Paulo, Revista dos Tribunais, 1990.

[5] Astrid Erll, *Memoria collectiva y culturas del recuerdo: estudio introductorio*, Bogotá, Ediciones Unianes, 2012, p. 68.

[6] Ecléa Bosi, *Memória e sociedade: lembranças de velhos*, São Paulo, T.A. Editor, 1979, p. 2.

[7] Michel Maffesoli, *L'Ére des Soulèvements: émeutes et confinements, les derniers soubresauts de la modernité*, Paris, Les Éditions du Cerf, 2021.

[8] Maurice Halbwachs, op. cit.

[9] O *oralista*, que é quem opera em projetos de história oral, não tem evidentemente a função de "dar explicações" ou "conselhos não pedidos" para os entrevistados. Diferentemente disso, cabe ao *oralista*, como parte de sua postura profissional, a análise do conjunto das entrevistas.

[10] Prefere-se, aqui, *standard de histórias* a *corpus documental*, pois as pessoas entrevistadas para o projeto que originou a presente obra transcendem a lógica do arquivo, do dado estável do documento escrito e o *documentismo* propriamente dito. Afinal, as vidas cabem inteiras em documentos esfriados pela escrita?

Escrever a sobrevivência

SOBREVIVENTES

"Se todas as personagens não cessam de contar histórias, é que esse ato recebeu uma suprema consagração: contar é igual a viver."

Tzvetan Todorov

O sobrevivente – desajustado à categoria de vítima – assume posição de quem ressignifica as lembranças e não se rende à estagnação do acontecimento ingrato. Não é raro que, no lugar de reivindicar a *fala*, o sobrevivente seja *convidado* a *falar*, ainda que não se deixe *definir* pela desventura. Por outro lado, em prol da vítima se argumenta que, com frequência, existe alguém querendo *falar* em seu lugar ou em sua vez. O paradoxo da categoria "vítima": poderosa e frágil, quando não poderosa justamente porque frágil. Sua fragilidade é compartilhada por *redes* de apropriações da experiência traumática, isto é, por consumidores da fatalidade. Isso porque sempre há interessados na vítima, ora nas vantagens que a vítima traz, ora em sua condição acabada. Tudo sem deixar de considerar o *reino de boas intenções* ao seu redor, embora somente a própria pessoa afetada experimente sofrimentos em função dos quais deseja respeito.

Existe, no cotidiano, a percepção de que há vítimas mais vítimas do que outras – o que se poderia mensurar por critérios quantitativos (números, dados etc.). Nesse sentido, segue-se elementar para a *ideologia da vítima* que a própria vítima seja sustentada pela grandeza de cada evento. As modelagens da vítima em peças hierárquicas que ajustam o espaço de fala no interior da sociedade delineiam parâmetros identitários centrados no *Eu*.[1] A importância da vítima estaria no acúmulo de catástrofes e na precedência do *Eu*, assim como na coleção de outros eventos cujo fim é o dissabor. Distante do *bem-sucedido*, a vítima é aquela da qual não se pode desviar a atenção. Está fragilizada e vive à mostra, como que numa cristaleira. Fala-se tanto da vítima e a vítima mesma fala de *Si*; outros, de outro modo, acomodam suas vivências em *clichês* mais ou menos consagrados por "histórias vistas de baixo", mas escritas de cima.

Para além das preocupações de caráter histórico e das ciências penais, porém, convém indagar se a categoria "vítima" é suficiente para determinar análises da egrégia condição de despedaçamento humano. Nesse sentido, questiona-se, ainda, sobre se é possível ler o mundo a partir de suas lentes embaçadas por acontecimentos *prima facie* intransponíveis.

> A escuta "sobre vivências", além da história oral de vida e da história oral testemunhal, vai ao encontro do narrador – aquele que redescobre sua experiência e que perfaz os caminhos das histórias.
>
> Os entrevistados têm suas memórias machucadas por acontecimentos, experimentaram a dor de ser e de sentir, mas não são vítimas no sentido vulgar. Quem fala, nesta obra, ou é sobrevivente ou está ao lado da sobrevivência.

O problema ganha dimensões quando aquilo que se faz é história oral e não se desconsidera a memória ao questionar a *ideologia da vítima*.[2] Daniele Giglioli questionou o estatuto da vítima, mas teria jogado fora, como se diz, o "bebê com a água do banho", isto é, a categoria de vítima com a matéria da memória testemunhal. O caminho, aqui, é outro: valoriza-se o sobrevivente do cotidiano. Com ele, é possível reconhecer a memória de expressão oral que carrega não um *vitimário* completo, mas a permanência humana no mundo e a reinvenção cicatrizada de sua condição mesmo em face da resistência de estruturas sociais.

Ora, que a história oral não dê voz, mas ouvidos, já se reiterou algumas vezes. Não basta, porém. É necessário saber qual é a situação daqueles a quem o entrevistador se propõe a escutar. É certo que depois de questionar a categoria de *vítima*, importa repensar seu *estatuto*. Em história oral, o papel de *mediação* do entrevistador é indispensável – ele se coloca entre as *comunidades* e o público mais amplo. Não é tanto de compartilhamento da autoridade que se diz, aqui, senão de *colaboração* ou de *mediação* horizontal, segundo ensinou Meihy. Na lógica do vínculo, os laços de confiança, de empatia na prática ou de publicidade se fazem aos sons de muitas vozes – da *multivocalidade*. O *direito de fala* dos sobreviventes não é favor dado por quem escuta, mas conquista de longo alcance que não pode ser submetida ao controle de quem ainda pretende *dar voz*.

Foi-se o período em que o debate poderia se restringir, sem maiores prejuízos, aos chamados *pares* (das universidades): esta obra pretende *comunicar* também aos *ímpares* – como que numa transição. A história oral tem a intenção de movimentar o campo e de dizer para *fora* enquanto ressoa por *dentro*; de ir além dos corredores e dos limites das universidades, ao encontro dos sobreviventes. Não da vítima convencional – imobilizada pelas racionalidades fria e mecânica – mas do sobrevivente, que, como líquido, encontra seus dutos a partir de recordações. Daí, a transição da vítima à sobrevivência implica entendê-la distante dos dissabores como absolutos, ulteriores, ultimados por realidades estanques: o sobrevivente é o vivente de novas histórias, cujo mapa da reinvenção de caminhos está na experiência. É aquele que sai à cata do que lhe sobrou para, entre ruínas, colar os cacos da vida com olhos fixos no tempo do imediato.

No mais das vezes, a atividade da escuta qualitativa provoca pertencimento reinventado – uma caminhada no caminho de quem se refaz contando a própria história; a escuta do mundo que não é do chamado "especialista". Quem escuta, aliás, escuta alguém além de *Si* mesmo. O oralista tenta escrutinar com calma aquele que sofreu o trágico, e que, ligado a grupos despedaçados, continua buscando sentidos para o refazimento do *destino*. Esse faro aguçado pelos sobreviventes procura pelo cheiro, pelos rastros e pelas redes das *comunidades* – nos termos da "proxemia", da proximidade. E o faz sem se distanciar de marcadores pessoais de experiências, que, como vazões d'água, encharcam canteiros de identidades explicadas sempre pelo coletivo. A preocupação com sobreviventes, aqui, não é *quantitativa* na medida do *quantum* da desventura, mas *qualitativa* por meio da *qualificação comunitária*.

Assim se efetiva a *comunidade de destino*, porque o sobrevivente procura recriar, em seu interior, a ilusão necessária à própria direção. Para tanto, torna-se *testemunha*, isto é, conta a história do trágico que acomete a *Si* nos *Outros* e aos *Outros* em *Si*. O sobrevivente, mesmo afetado, narra nas histórias a trajetória própria da *comunidade*: momento em que se *desindividualiza* e sonha em grupo. Ele quer continuar sem que lhe tirem a possibilidade de recriar a vida – de *transcriar* a vida. Por isso, o sobrevivente não é "categoria" ou "conceito gelado", mas lembrador de histórias fervilhantes e narrador ora falante, ora acometido de silêncios que gritam mesmo quando calam. Silêncios dizem, desdizem, atordoam; além disso, a sobrevivência de que trata a história oral não deixa de ser encontrada no reverso da Palavra falada: a quietude (e quanta quietude há numa entrevista!).

As *comunidades* querem, assim, enunciar os vividos nos *disparos das falas*. Elas exercem o controle do silêncio e da quebra do silêncio; importunam os que gostariam de que a memória fosse domada por fatores materiais rígidos ou racionalistas. Se existisse "mercado de memórias", ou "história oral empresária", talvez o controle das narrativas pudesse ser regulado por demandas, por produção – como fosse possível a *fala* já *escrita*. No entanto, a memória de expressão oral não se deixa encarcerar e é indomável mesmo quando reprimida por período determinado – remexe no agora ao remorder o passado para, então, ser marcadora de vivências: mulheres, imigrantes, indígenas, negros e pessoas afetadas pela covid-19, entre outras. As demandas dos sobreviventes não são só para *Si*, mas, de igual maneira, para os *Outros*.

Dessemelhante ao sobrevivente, a *vítima* convencional não só é machucada, mas também ferida; faz-se como que *fera* quando suas reclamações justificadas deixam de ser atendidas. Ao mesmo tempo, existem galerias já repletas das vítimas, sem a capacidade de se desvencilharem ou de retirarem o gesso com que lhes ataram. A vítima quer entrar para *a* História, e, por seu turno, o sobrevivente quer apenas contar *uma* história. Nos moldes afetivos de sobreviventes do cotidiano, "importa menos a grande história factual do que as histórias vividas no dia a dia, as situações imperceptíveis que, justamente, constituem a trama comunitária".[3]

Memória é sempre fantasmagoria materializada em histórias de carne, sangue, presença e *fala* (uma presença do passado perceptível); em emoções espalhadas pela escuta. Para além de perguntar: "A vítima tem sempre razão?",[4] mesmo as lutas identitárias são marcadores coletivos na tentativa de superação de traumas históricos ou de duração transtemporal. Se em Henri Bergson o *elã vital* atende a desejos de criação, de explosão e de consciência que indicam sobretudo memória individuada,[5] em Maurice Halbwachs se estabelece sondagem profunda denominada *memória coletiva*.[6] Mesmo que "vista de dentro", no íntimo, opera fora e em cadências grupais ou narrativas: *elã grupal, comunitário, coletivo, desindividualizado* – neste caso, o *tom vital* do grupo é o grude de entrevistas em história oral.

Desatar a vítima, isto é, *desfragilizar* o ser humano agredido é compreender suas vidas machucadas quando se retira da força das histórias a capacidade e a potência para reconstruir destinos de *comunidades*. Gleice, Mário, Merina, Marco Antonio e Márcia já lutaram contra, entre outras coisas, a violência, a xenofobia, o esbulho territorial, o racismo e a omissão governamental. Não significa que o conceito de vítima os *defina*. Importa constatar, dessa forma, que pessoas entrevistadas estão distantes da *coisificação*: não são como meros *objetos de estudos*, porque o mundo das *coisas* não produz presença no sentido vivo da Palavra. *Objeto*, por lógico, não se relaciona e não *fala por si*: alguém sempre precisa contar sua história. No caso do *elenco vivo das histórias orais*, a autodeterminação narrativa dos interlocutores é o primeiro e o último som a ser ouvido.

As histórias foram analisadas de modo a garantir aos entrevistados a possibilidade de dialogar de forma mais direta com o público. Saindo-se da zona de opacidade do mundo dos *objetos*, o elenco de narradores é capaz de explicar seus percursos doloridos. Parte-se da concepção de que a *soberania do narrador* não está apenas em contar, mas em imprimir significados e explicar as ressignificações, pois o que importa em história oral não é tanto a interpretação das histórias, mas as histórias em si, que, analisadas na perspectiva da *memória*, pertencem a quantos performem a *fala*, ainda que situados em diferentes posições nas *comunidades*.

Os lugares das entrevistas foram variados. Seja em um acampamento indígena, seja no prédio do Ministério Público Federal (MPF), em Dourados; numa casa modesta ou mesmo em reuniões on-line em razão da pandemia de covid-19, enfim, esses espaços apontavam para agentes com vitalidade. Agência, medo, amor, raiva, paixão, indignação, entre outros sentimentos, não ficaram escondidos e afastam dos entrevistados a *inércia da fonte convencional*. Se se pode falar num outro *estatuto das vítimas*, resta estabelecido que se trata do *estatuto dos sobreviventes*. Os que tiveram memórias machucadas, aqui, contaram como foi e o que lhes aconteceu, mas não ficaram imobilizados como pássaros nas gaiolas do determinismo.

A paisagem das histórias é do Centro-Oeste, mais especificamente da região de fronteira entre o Cone Sul de Mato Grosso do Sul e o Paraguai. Região que já foi chamada de "Faixa de Gaza brasileira",[7] o que indicaria ser só o lugar da *vítima* e da beligerância. Distante de ser apenas lugar violento para parcelas, entretanto, trata-se do espaço de trânsito das sobrevivências, de vivacidades, de recomeços. Por que não dizer de sonhos rearranjados, de imaginários refeitos todos os dias? É o lugar de escuta que consagra as dessemelhanças, os *gestos de fala* e, por isso, o direito de se expressar ao grande público.

Algumas vivências referidas se passaram, na maior parte do tempo, em cidades pequenas: Gleice, na cidade de Jardim, com menos de 30 mil habitantes, e Márcia em Douradina, com quase 9 mil habitantes.

Outras memórias foram experimentadas em lugares de fronteiras, tais como as de Mário, entre Santa Elena (Venezuela) e Pacaraima, Roraima (Brasil), com destino ao Centro-Oeste. Há aquelas que, assim como dizem Merina e Marco Antonio, deram-se em aldeias, acampamentos e terras indígenas que escapam à dinâmica da metrópole paulistana ou ao *glamour* do tipo parisiense. Mas a cidade de Dourados, com pouco menos de 230 mil habitantes, tornou-se espaço de convergência entre os narradores: mesmo daqueles que contaram suas histórias nas próprias línguas, tais como Merina (que é guarani-falante) e Mário (que narrou em castelhano).

Liev Tolstói disse: "Se queres ser universal, começa por pintar a tua aldeia". Do *lugar de escrita* desta obra à região de porosidade fronteiriça entre Brasil e Paraguai, existem leitores que a recebem de modos variados: no metrô, no trabalho, em casa, no parque, no escritório, na universidade – eis histórias de vida, capazes de aumentar a área da aldeia, da cidadezinha ou de regiões retraçadas em velocidade progressiva.

O que se sabe é que, onde quer que exista um sobrevivente, haverá sempre história oral como possibilidade. Porque pessoas estão interessadas em histórias de pessoas. Mais do que à leitura, convida-se, desse modo, à participação na trama das histórias que se revelam no trágico das *comunidades de destino* e nos detalhes – nos retraços das *comunidades emocionais*.

Notas

[1] Ver Elisabeth Roudinesco, *O eu soberano: ensaio sobre derivas identitárias*, Rio de Janeiro, Zahar, 2022.

[2] Cf. Daniele Giglioli, *Crítica da vítima*, Belo Horizonte, Âyné, 2016.

[3] Michel Maffesoli, *O tempo das tribos: o declínio do individualismo nas sociedades de massa*, Rio de Janeiro, Forense Universitária, 1998, p. 169.

[4] Francisco Bosco, *A vítima tem sempre razão?*, São Paulo, Todavia, 2017.

[5] Henri Bergson, *A evolução criadora*, São Paulo, Martins Fontes, 2005.

[6] Maurice Halbwachs, op. cit.

[7] Ver Sylvia Colombo, "'Mato Grosso do Sul é a faixa de Gaza do Brasil', diz Viveiros de Castro", *Folha de S.Paulo*, 2 ago. 2014, disponível em <https://m.folha.uol.com.br/ilustrada/2014/08/1495061-mato-grosso-e-a-faixa-de-gaza-do-brasil-diz-viveiros-de-castro.shtml>, acesso em 22 fev. 2022.

ESCUTAR A DOR: *STANDARD* DE HISTÓRIAS

Gleice Aguilar dos Santos

"A vida começa quando a violência termina."

Maria da Penha Maia Fernandes

RENASCIMENTO

"Meus objetivos ao realizar essas entrevistas eram aprender como as vidas dessas pessoas se apresentavam para elas mesmas."

Daphne Patai

As histórias orais implicam frequentes *quebras de tabus*. Colocam em contato pessoas improváveis, propiciam a escuta e a responsabilidade das histórias de vida. Surpreendem pelas lembranças e por dicções ousadas que reclamam acolhimento. Nesse caso são *tabus* combinados. Para muitos, o tema da *violência de gênero* praticada entre casais que atuam na segurança pública é intocável. Ouvir uma *policial militar* impõe pensá-la evidentemente como mulher, para além da instituição e de preconcepções já consagradas. Mas como cheguei até Gleice?

Interessado em histórias de mulheres que pudessem falar em nome de parcelas afetadas pelas *violências de gênero* e *intrafamiliar*, mantive contato com um promotor de

34 VIDAS MACHUCADAS

justiça do Ministério Público do estado de Mato Grosso do Sul (MPMS). Procurei, depois, uma delegada da Delegacia de Atendimento à Mulher, que me indicou fazer contato com Gleice. Chamou-me a atenção que a delegada se recordou logo da interlocutora e de sua história. Gleice queria falar. Seu interesse? A defesa da pauta de mulheres que sofrem *violência de gênero*. Mas havia outra motivação, legítima: Gleice estava interessada em si mesma, em se cuidar, em viver depois da desventura. Esse interesse, contudo, não precedeu a sensibilidade da trajetória recriada na experiência. Sua vivência redimensiona a *comunidade* e a sacode pelo acionamento de dispositivos do sofrimento.

Compreendi que a possibilidade de entrevistá-la poderia representar certa contribuição para o entendimento da sobrevivência no caso de mulheres que vivem agruras. Mais do que isso, Gleice se tornou *colaboradora*, mediadora entre lugares distintos; falou sobre as próprias vivências, assim como das experiências daquelas às quais ajudou. Transcorrido bastante tempo dos acontecimentos narrados, Gleice não está em perigo e não corre riscos em razão da *violência de gênero*. Por serem favoráveis as condições para a entrevista, sequer se cogitou condição de anonimato, como no caso de gravações com quantas estivessem sob ameaças.

A preparação para a entrevista, feita de maneira remota, foi imbuída de cuidados e diálogos prévios, bem como por reflexões éticas, afinal, o circunstancial narrativo impunha pensar nos caminhos difíceis da conversa a ser gravada. A entrevista, não obstante, foi conduzida por um homem, o que levou à reflexão sobre as diferenças postas. Os limites irrenunciáveis, os pactos celebrados em razão das dessemelhanças e a franqueza da palavra rasgada consagraram intersubjetividades. Quaisquer descuidados contrários à *aura da entrevista*, no sentido de Walter Benjamin, poderiam comprometer o material decorrente da narrativa que é toda dela. O contrário disso seriam as preservações possíveis do estado de alma da interlocutora, do seu espaço enunciativo e da plenitude da Palavra. A garantia de prevalência da memória ofendida seria, portanto, condição para a reelaboração da experiência.

Entrevistar é *transitar* no mundo do outro – não necessariamente do igual ou de simples conceito que, como suporte, poderia ocupar o lugar da pessoa. A questão sobre qual seria o mundo de Gleice se tornou imperiosa, pois a banalidade do conceito convencional ou desgastado de vítima associada aos dogmas intocáveis não diz muito sobre Gleice. Pelo contrário, sua *consciência mnêmica*, ou o estado de memória desperto, indicou com vivacidade os infortúnios que não se escondem. Se entrevistar é *transitar* no mundo do outro, como dito, escutar é dar abrigo à Palavra ouvida – muito além da vibração do tímpano e dos ossos auditivos.

Pausas chorosas, reflexivas; tudo, ao mesmo tempo, sinalizou o refazimento de projetos de vida, as retomadas de acontecimentos cotejados. Sem a devida escuta da *memória*, a temporalidade vital não se orienta; não se projeta no porvir desejado agora como quimera. Afinal, assim como frustrações, imaginações são componentes do sonho que se sonha acordado ou em vigília. De outro lado, a recordação da dor, que é dolorida em função da lembrança no momento da fala – quase como se a pessoa sofresse tudo novamente durante a entrevista! –, não tem nada com "resgate de memória". Matéria em movimento, as lembranças não se deixam "resgatar", porque são sempre reelaboradas no momento da narrativa.

Tais lembranças trazem a lume sonoridades e imagens que se articulam, mútuas, em relações de *gênero*. Se, conforme ensinou Joan Scott, *gênero* "é um elemento constitutivo das relações sociais baseadas nas diferenças percebidas entre os sexos", as referidas desigualdades se enunciam inclusive por meio do que se diz e do que se cala nos deslindes da vida.[1] Mais ainda, as relações sociais estão ligadas à formação da memória coletiva de mulheres: recordações femininas são formas reivindicadas como lentes. Memórias de mulheres atingidas parecem retirar forças das lembranças para recriar, no horizonte do urgente, espaços de sobrevivência. No centro das preocupações estão as *comunidades* daquelas que padecem com as agressões e os seus operadores. *Gênero*, ademais, imprime significado às relações de força e demonstra as disparidades distribuídas nas malhas sociais – o que Gleice pôs às claras.[2]

No dia e horário combinados, encontrei-me remotamente com a interlocutora e priorizei estímulos feitos com sutileza durante a entrevista. Comecei com a frase mais popular de Maria da Penha: "A vida começa quando a violência termina", que implica afirmar que não há vida *digna* se a mulher está sob os signos das agressões de *gênero*. A coragem da história contada, em Gleice, chama a atenção: policial militar aposentada, a narradora não se resignou, tampouco se calou.

> Do caderno de campo:
> Hábil na Palavra; arguta nos argumentos; resoluta quanto à cadência narrativa. Gleice, oscilando entre emoções contidas e falas decididas, demonstrou como a história oral coloca frente a frente pessoas desiguais. Seus argumentos podem incomodar ou ensinar, agitar ou aquietar, mas sempre produzem surpresas e imprevisibilidades.

Sua *memória machucada* – de mãe de sete filhos – oralizou violências que não pouparam sequer as "crianças" à época, desde as primeiras fases de suas vidas. A entrevista é eivada de manifestações: palavras firmes e criteriosas; choros, risos ou emocionalidades esparramadas, as quais tiveram origem em situações que afetaram a interlocutora física, psicológica e moralmente. Nessa direção, a fala de Gleice foi, portanto, detalhista nos limites do necessário, precisa e carregada de certa *razão emotiva* (razão pós-racionalista) que se alternava aos poucos com assuntos escolhidos na vivacidade da história. A narradora se fez inteira, persuadiu e demonstrou que não esteve protegida por ser policial militar. Avesso disso, a interlocutora falou de vulnerabilidades às últimas consequências.

As mulheres "têm sido as guardiãs da memória".[3] Nada distante da guarda da memória de outras mulheres e de homens, interessa compreender o próprio *aparelho de memória* para além daquilo que se pode apenas "guardar". Memória não é somente aquilo que se retém num baú, ainda que se possa preservá-la em *objetos biográficos* que ajudam a recordar; além da perspectiva histórica, a memória é aquilo que se tem e do que as pessoas são formadas. Nesse diapasão, Gleice tem e é constituída de memória.

Fio a fio, com *ponto e nó*, a vida de Gleice encontrou alternativas, mas não sem ter vivido os limites do (im)possível. Experimentou o renascimento como a mitológica ressurreição da fênix – nas labaredas das recordações: "O fogo e o calor fornecem meios de explicação nos domínios mais variados porque são lembranças imperecíveis, de experiências pessoais simples e decisivas" – retraçou Gaston Bachelard.[4] Sem idealizar além, o que se pode esperar da entrevista? Os colegas de Gleice, na PM, protegeram-na? E os desfechos das agressões? Por que a interlocutora fez de sua história uma narrativa para ajudar outras mulheres? A história que se segue é repleta de amores e desamores, mas, como quem escapasse da mira de uma arma, a entrevistada se fez apoiadora, protetora, cuidadora, conselheira, referência para outras mulheres nas *sobrevivências de gênero*.

Ativista pela dignidade feminina, a interlocutora – que falou sem negociar o essencial – é soberana não só para dar entrevista para quem quiser, mas para explicar sua história atribuindo-lhe significado. É de igual forma resoluta para contar (da maneira como quer) aquilo que só ela mesma pôde sentir. Sua entrevista é partilha espontânea à *comunidade de mulheres*, às *redes sofridas* e ao público interessado em histórias de vida.

Quem tem medo de *tabus*? Gleice não tem.

HISTÓRIA 1 – *"NÓS SOMOS SOBREVIVENTES"*

> *"Nós somos sobreviventes! [...] Eu me libertei e gostaria que todas as mulheres fossem livres! A liberdade é uma condição que a gente assume... Decidi ser livre."*
>
> Gleice Aguilar dos Santos

Sou Gleice, fundadora de uma agência de inovação que está sendo validada no Instituto Federal. É uma empresa incubada no Instituto Federal, uma empresa de base tecnológica. Trabalhei durante 21 anos na Polícia Militar do estado de Mato Grosso do Sul (PMMS).

Dediquei 5 dos 21 anos às políticas públicas para mulheres. Fiz um trabalho de proteção, de execução, de implementação e de planejamento. Atuei na linha de frente protegendo, de fato, centenas de mulheres, tanto em prevenção quanto nas consequências de agressões. Tive bons resultados em minha carreira como policial militar, fui reconhecida... Premiada pela Ordem dos Advogados do Brasil (OAB), e com os prêmios que a gente tem aqui no município.

Tornei-me uma referência, que é algo que não nego, porque até hoje recebo denúncias. No ano de 2019, resolvi deixar a PM e comecei a atuar com inovação. Hoje, essa agência de inovação resolve problemas da cultura e do mundo digital.

* * *

Quando penso na Maria da Penha, penso de várias formas... Tanto em como ela educou a sociedade para que a gente tivesse instrumentos necessários para o enfrentamento à violência e, ao mesmo tempo, penso que a gente continua tendo muito o que avançar em todos os aspectos. Eu começo a contar a minha história como sendo, no início, uma "história de inconsciência". Talvez possa resumir assim. Inconsciência! Porque comecei a me relacionar muito cedo e tive quatro casamentos e, em um deles, fiquei viúva.

Desde o primeiro casamento, sofri violência. *Sofria* violência. Hoje, não mais... Abuso! Abuso emocional, manipulação e não entendia direito... Demorou muito para entender, até que estudei bastante, participei de muitas palestras para entender o quanto era silenciada e o quanto estava me sabotando, omitindo a minha dor.

Só o fato de uma mulher reconhecer que sofreu abuso é um grande passo. Porque todos os dias as mulheres ainda estão sofrendo caladas. Eu sofri calada! Muitas vezes, sofri calada! Primeiro porque não entendia que aquilo era violência, e, depois, quando entendia, sentia-me culpada.

No meu primeiro relacionamento, foram três anos. Tive dois filhos. Fui abandonada quando estava grávida de um deles... Então, tive que criar meus filhos sozinha, com muita dificuldade e com muito preconceito. Lembro que sofria muito preconceito mesmo, por ser mãe solteira e por ter pouca idade. Mas sempre gostei de estudar e trabalhei para manter a minha dignidade e a dignidade dos meus filhos.

O meu segundo marido fui eu que abandonei, porque descobri que ele era estelionatário. Isso mesmo! Foi um casamento que durou poucos meses... Cerca de seis meses, só. Foi um grande choque descobrir que meu parceiro era assim, não é? Por isso que falo do *homem idealizado*. Tive relacionamentos idealizados e sonhei, sim, com o *príncipe encantado* que iria me proteger. Mas esses príncipes... ainda os compreendo pela falta de maturidade, mas até hoje pago o preço.

O "engraçado" é que me casei mesmo no civil e, quando estava grávida, separei-me dele. Tinha angústia porque não queria mais me relacionar com ele, porque me decepcionou tanto, tanto... Não fiz questão que assumisse a paternidade do meu filho. Ele também não! Não tinha nada que me motivasse. O tempo foi passando, passando, passando... Quando meu filho estava com 11 anos, veio uma espécie de programa – uma política pública – de reconhecimento de paternidade. Então, fui motivada pela escola para provocar o reconhecimento de paternidade. Mexeu com todos os alunos! Foi muito bom esse programa, foi muito bom o que o governo federal fez à época.

Não me lembro em que ano foi isso, mas fui provocar o reconhecimento de paternidade depois de muito pensar. Ele, então, negou a paternidade. Negou definitivamente a paternidade! Se fosse possível, tomaria agora a decisão de pleitear esse reconhecimento de paternidade, ainda que meu filho seja adulto. Seria um gesto para honrar minha história... Toda carga e todo encargo de responsabilidades moral, social, financeira, ficou só nas minhas costas. Isso é muito pesado... ainda é pesado para mim. A omissão deles custou bastante. Mas a paternidade no Brasil é um enorme problema ainda.

Com o primeiro marido tive dois filhos, com o segundo marido tive um filho. Sempre com abusos. O meu segundo marido me ameaçou de morte, o que, entre outras coisas, resultou em nossa separação. Naquela época, foi a primeira vez que fui à delegacia para fazer uma denúncia. Não deu em nada! Isso foi no ano de 1998 e a situação ficou impune. Mas lembro que tentei fazer alguma coisa...

Se dependesse de mim, teria vivido a vida toda com meu primeiro marido. Não iria ficar recasando, recasando, recasando. Porque isso é algo que ainda me dói.

⁎ ⁎ ⁎

Com meu terceiro casamento ocorreu uma tragédia. Recomecei minha vida amorosa e, no ano 2000, conheci meu marido, que foi o homem que mais admirei, que mais me encantei e que tinha todos os atributos que procurei num homem. A gente vivia em conflito por causa da personalidade que ele tinha. Era uma personalidade explosiva, manipuladora, controladora...

Deixava-me levar pelos abusos, pelas ameaças: sentia medo, muito medo dele: minhas mãos transpiravam em situações quase indescritíveis. Ele também era policial militar. Sempre que se sentia contrariado por algum motivo, engatilhava a arma, apontava para a própria cabeça e muitas vezes apontava para mim... e dizia que iria se matar! Sempre achava que ele estava blefando e isso aconteceu muitas vezes, muitas vezes: ficar na mira de uma arma é uma sensação horrível... E... pedi ajuda... pedi ajuda... eu pedi ajuda muitas vezes... Quem poderia me compreender, não é?

Pedi ajuda para a minha família, mas ninguém conseguiu me ajudar ou não soube me ajudar. Além disso, pedi ajuda para o Estado, que, no meu caso, era representado pela PM. E eu fui muito humilhada... Sempre a palavra dele importava mais do que a minha! Tinha mais valor do que a minha! Era isso que dificultava, talvez, que as pessoas me ajudassem. Sempre era o sentimento dele, era a voz dele, era a forma que ele lidava com as coisas e não a minha. Numa relação assim – que muitas pessoas chamam de abusiva ou tóxica! – é sempre a voz do homem que prevalece.

No dia 1º de janeiro de 2003 ele se matou com um tiro na cabeça! Eu estava grávida... mas já tinha dois filhos dele. Eu fui detida pela PM e começaram a me acusar da morte dele. Estava em choque e eles me levaram para o gabinete do Comando. Começaram me fazer perguntas. Não quero acusar ninguém porque não sei se eles queriam me prender de fato, achar culpados ou se estavam em choque. Mas fiquei sendo acusada durante horas por algo que não cometi. Mesmo porque, se tivesse cometido, teria assumido, já que a situação era insuportável.

Ele era PM. Sou PM, hoje aposentada. Mas eu sabia lidar com a morte... sempre soube lidar por causa da minha profissão. Com muita dificuldade, fui liberada e fiquei perdida... Era menina, 24 anos. Fiquei sem entender nada, e é claro que a sociedade me rechaçou, chamou-me de assassina; minha família me chamou de assassina. Depois de algum tempo, comecei a voltar à minha consciência, à minha tranquilidade, à minha normalidade... Começou a passar o luto... Tinha um monte de filhos para cuidar e para criar... Tinha que trabalhar, não tinha jeito! Nessa situação, a mulher não tem direito sequer de parar um pouco. Mesmo sendo apontada por outras pessoas, é necessário levantar a cabeça para enfrentar tudo e todos. Tinha que voltar às minhas atividades.

Depois, comecei a entender que aquilo foi até, de certo modo, um alívio... Porque estava tão presa nas mãos dele: eu não era eu! Não podia dançar, não podia vestir uma roupa! Ele rasgou as roupas mais bonitas que tive! Ele me xingava de puta, de todos os nomes horríveis... Ele me tratava como se eu fosse uma prostituta qualquer. Eu era uma mulher muito fiel! Uma mulher muito apaixonada e muito fiel, muito fiel... Mas, se fosse para a igreja, ele ia para a igreja também e ficava na porta. Então, não tinha nenhum tipo de liberdade, nenhum tipo, nenhum tipo. Não conseguia respirar de tão sufocada...

Acabou a Gleice alegre!

* * *

Mas sou uma pessoa alegre... Passou um tempo e a Polícia Civil começou a divulgar que eu não era uma assassina, que eu não tinha feito nada; que tinha sido suicídio. Os ânimos das pessoas foram se acalmando. Mesmo assim, quando uma pessoa é acusada, de certa forma já houve condenação, ainda que moral.

Depois que sarei, que melhorei, conheci, então, o meu atual marido – que é um *gentleman*. Ele me ajudou a cuidar da minha vida, a cuidar dos meus filhos, a me dar suporte emocional. Estou com ele há 16 anos e vivo, agora, um casamento feliz! Pude reconstruir a minha história de várias outras formas. Por isso, não me considero vítima... Quando vim trabalhar com enfrentamento à violência, comecei a entender que as mulheres precisavam de força.

Precisavam entender que aquela dor que estavam sentindo era causada pelo outro e não por elas mesmas. Também trabalho com parto humanizado em outro projeto da USP.

Comecei a falar da minha história para diferentes mulheres. Comecei a falar da minha história aqui, ali... Sem parar!

Dizia:

– Quero contar uma história.

E dizia mais, para as mulheres:

– Tive coragem de denunciá-lo, mas denunciei para a pessoa errada e na época não existia a Lei Maria da Penha. Quem sabe se existisse a legislação ele tivesse sido punido, preso ou tivesse ocorrido qualquer outra coisa, talvez não tivesse morrido.

Eu falo assim, sabe?

Comecei a ver as mulheres fazendo muitas denúncias, apoiando-se mutuamente e se fortalecendo. Depois, saí da PM. Mas parei de trabalhar mais por problemas institucionais mesmo, porque *tive meus valores confrontados*. Hoje em dia não trabalho com mais nada que se confronta com meus valores, porque busco liberdade de consciência.

* * *

Considero que sou sobrevivente dessas relações. Por várias situações. Principalmente no meu relacionamento com meu terceiro marido – que se suicidou! Corri muitos riscos de morte. Riscos em um nível alto. Fazendo uma avaliação de riscos: em *primeiro lugar*, ele tinha arma (era PM); em *segundo lugar*, ele apontava a arma para mim e me ameaçava. Éramos eu e meus filhos. Eu não estava sozinha. Então, em *terceiro lugar*, a arma que apontava para mim apontava para meus filhos: e eu sempre estava com uma criança no colo ou estava grávida. Sempre tinha alguém perto de mim durante essas ameaças. Esse é o tipo de violência que atinge a mulher, mas não só... Atinge aqueles a quem ela ama e por quem faria tudo nesse mundo.

Estávamos eu e meus filhos. Nós somos sobreviventes!

Nenhuma dessas agressões e ameaças tiveram consequências, porque, na época, como disse, não existia a Lei Maria da Penha e outras medidas possíveis. Mas falei para o meu superior hierárquico! Esse foi meu problema, porque falei para o superior responsável! Falei com o meu superior para que ele me ajudasse... O superior, então, transferiu o meu marido para outra unidade policial militar. Meu marido, à época, continuava me ameaçando e me perseguindo. Não adiantava nada.

Depois, quando descobri que estava grávida, voltei com ele. Estava grávida do terceiro filho dele – que acabei perdendo – e meu superior disse:

– Olha, Gleice, se você vier reclamar do seu marido, aqui, vou te prender!

Passados dois meses, meu marido se matou! Lembro-me dessa fala e fico pensando... Uma autoridade policial, um oficial, falando isso para uma mulher, imagina? Quando uma mulher vai pedir ajuda, é algo muito sério! Acho que isso acontece, ainda. Isso ainda acontece nas instituições... Na época, a cultura da Polícia Militar era muito diferente. Então, a Polícia Militar não tinha "aparato de serviço", uma forma especial de tratar com as pessoas que sofriam violência. Penso nisso também. Ao mesmo tempo, tive apoio, sim. Não vou falar da PM, mas dos seres humanos que estavam lá.

Fui encaminhada para atendimento psiquiátrico na PM, porque, depois, tive uma depressão... Mas até essas situações de uma mulher sentir alguma coisa dentro da PM, é muito "louco". Porque parece que a gente é fraco. A minha história com a PM é muito peculiar, porque, ao mesmo tempo que a PM me deu tudo que tenho, ela me ensinou a duras penas. Melhorou bastante, mas na minha época era bem mais difícil. Mesmo assim, de forma geral, fui auxiliada por algumas pessoas na PM.

* * *

Penso que a *igualdade de gênero* é um grande desafio ainda para as mulheres. Luto pela *igualdade* ou pela *equidade de gênero*, mas ainda vejo que estamos muito distantes de conseguir. Não é somente dentro da PM, porque, antes, ficava muito com esse recorte:

"Ele é homem, ele é mais novo na corporação e ele tem a viatura que ele quer. Sou mulher, sou mais antiga na corporação, mas não tenho a viatura que quero. São esses detalhes!"

Isso parece simples, mas me doía. Porque, pelo fato de ser mulher, não tive a facilidade de que precisava. Falei muito sobre como enfrentar a violência, sobre proteger as mulheres e era, então, hostilizada por alguns por causa disso. Via um cenário bem claro – sabia distinguir: os homens que tinham comportamento mais fechado hostilizavam as mulheres e me hostilizavam; os homens mais educados, mais cordiais, aplaudiam-me e me apoiavam. Só que todos, de alguma forma, faziam o serviço.

Estava vendo um vídeo de vários homens pescando e eles estavam, ao mesmo tempo, brincando uns com os outros. Estavam brincando com anzóis: um esculhambava o anzol do outro; outro colocava peixe na boca de um deles que estava dormindo. Eles estavam se divertindo. Fiquei analisando aquilo e pensando que nunca fiz uma brincadeira desse tipo com uma das minhas amigas, sabe? Nós ainda não somos uma grande *rede*, uma irmandade, assim como os homens de uma ou de outra forma são. Pareceu-me tão nítido que os homens têm uma relação de irmandade que as mulheres não têm. Isso me provocou alguns *insights* de forma muito dolorosa, porque eu senti que estive sozinha em relação às mulheres por medo de ser julgada. Quer dizer, não busquei ajuda das minhas amigas por medo de ser julgada. Por que me senti assim, não é? Justamente porque acho que, enquanto os homens estavam desenvolvendo essa *rede*, de convenções, rituais e celebrando de alguma forma a conquista do espaço, dos negócios, bem como mantendo relações firmes entre si, também se desenvolveram estratégias e acordos. Acordos, amizades e laços. Isso foi se naturalizando. Enquanto isso, as mulheres estavam em casa ou mantidas debaixo do jugo do pai, da decisão do pai. Passou uma história na minha cabeça, sabe? Acho que hoje nós, mulheres, precisamos voltar a ser irmãs e recomeçar os nossos vínculos, assim como as nossas *redes*. Precisamos confiar umas nas outras, sobretudo.

* * *

O fato de poder falar foi um alívio para mim. Poder falar, transmitir meu ponto de vista e dizer que sabia que estavam acontecendo algumas coisas e que, dentro das casas, sempre era muito pior. Isso também aliviou a minha dor. Meu colega chama de "sublimar". Posso dizer que sublimei muito a minha dor em relação a isso. Mas às vezes falo assim... Sinto uma dor e, às vezes, não acredito na igualdade entre pessoas. Tenho fé, mas às vezes não acredito.

Agora, olho para o mundo dos negócios. Tem, por exemplo, cinco homens falando e a mulher que fez tudo não está falando. Tenho essa dor, e, ao mesmo tempo, algum respeito. Porque também têm homens maravilhosos, que dizem:

– Estou falando, aqui, mas não fui eu que fiz, não...

Não diria homens mais educados, mas mais justos. Às vezes não acredito e me dá indignação! Alguns, por outro lado, falavam:

– Lá vem a Gleice com essa balela!

Quando dava aulas sobre isso, dizia:

– Vamos nos colocar numa situação hipotética – ainda que grosseira. Estou dormindo, bêbada na rua, numa calçada, e você está dormindo, bêbado na rua, numa calçada. Quem será estuprado?

Dava esse exemplo, dessa forma grosseira mesmo... Eles ficavam quietos, não é? Para eles entenderem como os nossos corpos, femininos, estão – numa mesma situação – muito mais vulneráveis. Muito mais vulneráveis para qualquer tipo de violência.

* * *

Sobre minha vida como protetora dos direitos das mulheres, digo que tinha postura de empatia, de muita empatia. Tenho um olhar multifacetado para o problema. Quando vejo a situação, penso que não se trata de "dar força" apenas ou empoderar – essa palavra é muito clichê! Sempre pensei em dar suporte para que as mulheres pudessem fazer a denúncia e, ao mesmo tempo, colocar nas mãos delas todas as informações para que lidassem com todos os desdobramentos. Essa tomada de decisão, a denúncia, tem muitos desdobramentos.

A parte mais sensível da mulher que é vítima, além da tomada de consciência sobre a submissão, é a tomada de decisão: daquela decisão cabal, que muda tudo. Existe uma jornada entre o entendimento de que a mulher está sofrendo violência até o momento em que compreende que precisa procurar ajuda.

Procurava trabalhar com essa longa jornada, sempre trazendo ferramentas para que ela pudesse ver outros aspectos da vida. Muitas vezes era sobre o tema da separação, da escola para as crianças, entre outros. Fazia bem mais do que o meu papel. Tentava fazer contato com redes de apoio, com pessoas que poderiam dar emprego e buscava cestas básicas. Procurava demonstrar que ela tinha que ter autonomia e que comigo deu certo. Se comigo deu certo, com ela também daria certo.

* * *

Já recebi um relato, a partir de palestra minha, de que uma mulher iria se matar. Ela ouviu uma palestra que fiz num templo budista e disse que, no final de semana, iria se matar porque não estava suportando. Com a minha história, ela teve alguma esperança. Eu procurava ajudar as mulheres a terem esperança novamente. Esperança em uma vida próspera, feliz e abundante, que foi o que aconteceu comigo depois que superei toda aquela fase. Passei a entender que, de alguma forma, minha história poderia ser positiva para ajudar mulheres a terem qualidade e força. Mas era bem difícil.

* * *

Depois que comecei a entender as fases da jornada das mulheres em relação à segurança e à justiça, comecei a criar uma nova perspectiva. Não se trata de denunciar somente e pronto. A denúncia é só uma ação da mulher que sofre com violência. Na maior parte das vezes, por causa da proteção e dos direitos da mulher, existe a necessidade de fazer a denúncia.

Para a mulher tomar a decisão de romper com a violência, ela tem que tomar, antes, a decisão de romper o relacionamento, de perder em bem-estar e, principalmente, de perder a crença de que naquela condição estaria de alguma forma protegida. Acho que existe um bloqueio. De alguma forma, algumas mulheres acreditam que estão protegidas, por mais que exista uma condição adversa. Essa crença não representa uma ruptura com a violência.

Quando uma mulher decide denunciar, ela não vai apenas denunciar. Ela vai romper com o relacionamento, vai acabar com a própria condição de vida a que está acostumada, vai renunciar muitas coisas da vida, vai se entregar ao julgamento da sociedade, da família; vai colocar a vida à própria sorte. Esse é o principal bloqueio e, quando a mulher entende que não tem jeito e tem que denunciar, é muito difícil. Chegar à essa conclusão é muito difícil.

Hoje ainda dou orientação e suporte para pessoas próximas. Vejo casos de mulheres que estão há 20 anos vivendo relacionamentos abusivos e elas acreditam... É o amor idealizado, é o relacionamento idealizado e a condição idealizada. Elas não encontram forças para colocar fim a tudo isso.

* * *

É interessante que toda mulher que é vítima de alguma forma de violência quer ajudar outras mulheres. Acho isso, além de interessante, algo muito necessário. A empatia, não é? Só que tem mulheres que não confiam em qualquer pessoa que se propõe a ajudar. Algumas mulheres que confiam em mim são mulheres que muitas vezes estão vivendo o último recurso que têm. Dou suporte, digo o que pode ser feito e o que não pode. Mas mesmo assim é muito difícil sair de um relacionamento abusivo.

Sempre vejo que há um relacionamento abusivo e que a mulher agredida está negando. Tem essa condição, que é a da negação! Algumas mulheres negam, negam, negam, negam...

Do tipo:

– Ah, sou inteligente... sou bem-sucedida. Ele está passando dos limites, mas não está sendo abusivo.

É como se aquela mulher não estivesse vinculada à realidade. Nega a própria realidade!

* * *

Existe uma atitude muito comum de culpabilização da mulher que sofre violência. Mas não me sentia culpada, por mais que as pessoas estivessem me culpando. As pessoas me culpavam o tempo todo, mas, no íntimo, não me sentia culpada. Ainda assim, vivenciava toda aquela culpa que era transferida para mim. Eu vivenciava porque as consequências vinham todas para mim.

Por exemplo, um homem comete abuso ou agressão... Vamos supor: ele acabou com a festa da criança – do filho do casal. Mas a mãe da criança, além de tudo, fica pensando: "Foi culpa minha! Acabei com a festa do meu filho porque deveria ter me comportado melhor".

Esse sentimento em mulheres é muito comum. Por que nós temos que nos sentir culpadas? Quem nos ensinou isso? Vivo fazendo essa pergunta: quem ensinou para quem nos ensinou essa culpa? Parece que todo mundo quer apontar para a mulher, transferindo para ela responsabilidade ou culpa que não tem. Ela recebeu por herança, mas de quem? Gosto de assistir a filmes épicos porque exemplificam: as mulheres sempre têm de falar baixo, sempre têm de ser sutis e delicadas.

É necessário lidar com a culpa desde o começo e dizer:

– *Você* não tem culpa, *você* não tem culpa, *você* não tem culpa... Foi ele que te agrediu, foi ele que mudou tudo, foi ele que destruiu tudo.

Aconteceu isso essa semana no diálogo com uma amiga. Ela chorava de culpa! Porque eles, os agressores, não pensam nas crianças e nas pessoas que estão perto. Comportam-se como se fossem Deus. Eu, por outro lado, sei me defender muito bem dos "machos escrotos", inclusive sou a primeira que se levanta numa mesa e fala:

– Não é assim... Não é do seu jeito... Tem outras verdades!

Sou a primeira e às vezes sou a única. Algumas mulheres dizem:

– Gleice, como você tem coragem?

Respondo que fui preparada para isso e me coloco como alguém que defende outras mulheres. Às vezes as mulheres ficam contra mim. Mas procuro ser muito justa e procuro me posicionar. Eu me posiciono! Essa é a resposta: eu me posiciono! Diante da injustiça masculina não restam alternativas. Já tive vários embates com homens, seja no mundo dos negócios ou fora dele.

Só que o fato de me posicionar não significa que não tenha medo de que eles se unam na *rede masculina* e me excluam dos negócios. Sei de casos em que isso acontece também no mundo dos negócios. É muito fácil a gente ser excluída por um posicionamento, enquanto um pequeno gesto de uma mulher a torna heroína. Mas às vezes a empresa mostra o gesto de uma mulher corajosa somente para se dizer boazinha...

* * *

Vou falar de mim, do meu posicionamento. A cultura policial militar faz de você um "ser humano adestrado" para atuar e, principalmente, faz que você tenha uma postura de "conter sentimentos". Quando saí da PM, pensei muito antes de tomar essa decisão. Saí no auge da minha carreira, mas, quando tive meus valores confrontados e aquilo estava pesado, também cheguei à conclusão de que não precisava mais me submeter àquilo. Resolvi sair.

Quando uma mulher consegue enxergar os valores que ela tem e que seus princípios não podem ser desconsiderados, ela será uma mulher livre! Há um estigma. O estigma que se tem é o da mulher livre, não da mulher policial militar ou de outra carreira. Comecei a pensar sobre isso quando fui trabalhar em determinada entidade. Passei num processo seletivo para trabalhar no laboratório de inovação dessa entidade e já se tinha outra cultura. Comecei a olhar para a cultura daquela entidade e percebi que as mulheres estavam se limitando. Então não é só a PM, entendeu?

As mulheres nas organizações estão limitadas. Já havia amadurecido e cheguei livre! Como trabalho com inovação, e inovação é algo livre, cheguei livre! Totalmente livre! E isso causou um choque. Um choque completo! Tinha horas em que a gerente vinha tratar comigo como se tivesse cometendo um crime só por me sentar junto com os homens, só por estar conversando ou falando de uma forma que não cabia na cultura da entidade. Aquela entidade tinha uma cultura muito tradicional. Cheguei e já fiz uma bagunça, não é? Afinal, já era uma mulher livre!

Novamente percebi que aquela entidade estava confrontando com meus valores. Estavam querendo me colocar dentro de uma caixinha na qual não caibo mais. Nesse momento, pedi para sair também! Uma mulher livre causa desconforto. Hoje me considero livre, embora tenha dores. Estou curando essas dores, mas consigo ser livre na medida do bom senso. Mas muitas vezes ultrapasso o bom senso porque falo:

– Não, não, não, não, não. Não é assim!

Faço isso hoje, depois de "altas terapias", sabe? Esse é o maior estigma – da liberdade! – e não da mulher armada, embora isso ainda esteja em mim. Muita gente ainda me vê como policial, mas eu digo:

– Não, a PM ficou há alguns anos para trás.

Se tiver de atuar, claro que irei. Não serei omissa, mas hoje estou em outra condição, que é muito mais leve e que faz parte da minha verdade de agora.

* * *

Acredito que alguns homens se sentem derrotados. Quando homem é vaidoso, ele é muito vaidoso. Eles não querem ser derrotados. Estão pouco disponíveis para o trabalho em paridade. A maioria dos homens não está disponível, disposta e nem aberta para trabalhar de forma paritária. A maior parte está fechada por medo de perder mercado, de perder protagonismo, de perder espaço... Acredito que eles têm medo de serem derrotados! Claro que não me refiro a todos, mas àqueles que são injustos. Também entendo, de alguma forma, os injustos... Eles aprenderam a ser assim, embora nada justifique.

* * *

Tenho sete filhos, sendo quatro mulheres e três homens.

Para educar meninos, em *primeiro lugar* é preciso amar muito. Em *segundo lugar*, é preciso orientá-los para que compreendam os papéis das mulheres. Os papéis que são impostos, os papéis que são injustos, os papéis que são acumulados. Para a educação deles, trouxe o acúmulo de papéis – do masculino e do feminino. Só de eles verem isso, já é um ensinamento.

Mas ensinei com riqueza de detalhes! Ensinei meus filhos a tratarem bem as mulheres, a beijarem as mãos das mulheres, a não exagerarem... Ensinei todos a cozinhar, a serem respeitosos em todos os aspectos. Não é só porque se trata de homens em relação às mulheres, mas porque as mulheres são seres humanos – o que é óbvio: elas irão chorar, terão TPM e serão cheias de complexidades. Ensinei a complexidade!

Ensinei-os, por consequência, a compreenderem a pluralidade das mulheres. Não somente a partir do relacionamento deles comigo, mas também com as próprias irmãs. Ensinei-os a respeitarem essa complexidade, a beleza de uma mulher. As relações tinham que ser equilibradas, de reciprocidade, e não de competição ou assimetria. Tive meu primeiro filho com 16 anos. Não digo que foi fácil, mas hoje tenho tranquilidade de falar que não tenho filho que é abusivo, que é descontrolado, mesmo porque eles não me desrespeitam.

Gosto de contar uma história. Quando meu filho tinha 16 anos, queria trazer uma menina para a casa... Quando minha filha fez 16 anos, estava com namorado... Pensei: e agora, se ela quiser trazer um namorado para a casa? Foi quando refleti muito sobre igualdade de gênero. Se o menino pode, a menina também pode! Criei as mesmas condições para todos: se ele podia, ela também poderia. É super *quebrar tabu*!

Da mesma forma em relação à maternidade, pois se as minhas filhas não quisessem ter filhos, isso seria uma questão delas... O corpo é delas, tenho que respeitar! Fui aprendendo muitas coisas e tive que estudar para saber lidar, porque não são fáceis. Criei-os muito livres e sem *tabus*.

Para criar mulheres independentes, é necessário mostrar a elas, desde pequenas, que são responsáveis pelas próprias decisões e que elas podem tomar decisões sem serem julgadas. Porque a primeira pessoa que julga é a mãe e o pai. Cabe a nós, mães e pais, não julgar as nossas filhas! Já julguei muitas vezes e assumo, mas, depois, quando fui compreendendo melhor, comecei a afastar todos os meus julgamentos.

Se minha filha falar:

– Quero ser pedreira.

Eu digo:

– Vai com Deus, toma aqui a sua colher!

Uma de minhas filhas entrou na engenharia, saiu; entrou na enfermagem, saiu. Até achar um curso de que gostasse.

* * *

Atualmente, voltei a participar de uma *rede de apoio* às mulheres de maneira discreta. Sempre oriento às mulheres que procurem por ajuda na *rede de apoio* e me concentro apenas em alguns casos, dando suporte dedicado. Tenho que dividir meu tempo com a minha empresa, com as coisas que faço. Esporadicamente, faço atendimento às vítimas. Ainda dou esse suporte de orientação, de força e de aconselhamento. É aconselhamento, mentoria e direção que dou, embora não tenha tempo como antes. Achei que iria sair das atividades, mas elas me procuram muito e não consigo recusar. Porque às vezes uma única palavra muda tudo!

* * *

Penso que faltam gestores mais qualificados. Falta usar a tecnologia em favor do planejamento, trabalhar com os dados de forma efetiva. As políticas públicas não podem ser apenas de enfrentamento à violência contra a mulher. *Primeiro*, precisamos de um programa de diagnóstico estrutural, porque a prevenção poderia ser efetiva se atacasse todos os lados logo no começo: o lado social, o lado emocional. A prevenção deveria começar muito rápido, muito cedo. Com tecnologia, conseguiríamos filtrar e direcionar muitas ações. Seria muito efetivo e iria economizar muito dinheiro.

A jornada de uma mulher que é vítima de violência é dolorosa. Muito dolorosa, porque passa por muitas pessoas. As pessoas que estão na linha de frente estão sobrecarregadas... Outra coisa que observava é que às vezes a mulher compreendia que poderia fechar o ciclo da violência por si mesma. Só de se separar as mulheres que precisam da segurança pública e do Poder Judiciário e as que não precisam, já é algo muito importante. Cada caso é um caso, afinal.

É importante ter os dados e cruzá-los... Há vítimas que permanecem na violência em razão da sua situação econômica. É preciso dar a elas, então, suporte de política pública regionalizada, porque cada região é de uma forma. Isso iria prevenir muito a violência... Penso que falta planejamento e falta gestão.

Hoje estou bem. Hoje tenho liberdade e sou *eu mesma*, sem uma *roupagem institucional* ou de *cultura institucional*. Tenho a minha empresa, crio projetos de inovação e dou suporte a projetos de inovação. Além disso, implemento esses projetos por meio de oficinas e *workshops*. Sou entusiasta de tecnologia e avaliadora de programas de base tecnológica em São Paulo. Estou ligada ao Instituto Federal e ao Ecossistema de Informação aqui de Dourados, que também é uma rede nova e uma rede de negócios. Tenho desejo de mudar a *cultura tradicional* dentro das organizações. Já estou conseguindo alguma coisinha... Tenho projetos a serem implantados, os quais são muito interessantes e divertidos. Trabalho com criatividade, com situações complexas e *designs*, além da experiência centrada no ser humano.

Atualmente faço coisas que pertencem a mim – porque sempre fui assim – e antes estava silenciada, colocada numa caixinha. Agora, saí da caixinha! Estou florescendo enquanto empresária.

A violência é um ataque sistêmico que precisa ser tratado de forma sistêmica. O que gostaria, portanto, de dizer para as mulheres é: você não é escrava de uma situação de dor! Eu me libertei e gostaria que todas as mulheres fossem livres! A liberdade é uma condição que a gente assume... Decidi ser livre. Isso é possível. Remexer com as memórias me deixa sensível, mas isso é algo necessário e que pode ajudar outras mulheres. Espero que a *minha história oral* ajude outras mulheres que estejam vivendo dias difíceis...

SOB A MIRA DE UMA *ALMA*

> *"A misoginia se manifesta de muitas formas, que vão desde a exclusão social até a violência de gênero. Ela aparece retratada igualmente na antiga formação patriarcal de nossa sociedade, a qual carrega, até a atualidade, a certeza do privilégio masculino, a banalização da violência contra a mulher e a tentativa de sua objetificação sexual."*
>
> Lilia Moritz Schwarcz

A *violência de gênero* abrange manifestações variadas, tais como a violência doméstica, a violência intrafamiliar e outras formas consideradas na literatura especializada.[5] Esses acontecimentos de contornos monocromáticos resultaram em experiências trágicas na vida de Gleice. No caso da narradora, a *violência de gênero* decorreu das reiteradas agressões perpetradas não somente por seus ex-maridos, mas, ainda que indiretamente, por parte da *rede* masculina descrita na entrevista. Gleice foi agredida como mulher que escolheu a maternidade, as profissões que teve e as renovações de votos nos vínculos afetivos. Ao ler a história, percebe-se que condições precárias de vida levaram a narradora à inconformidade, à irresignação.

Sob perspectivas entrelaçadas, contudo, não se recomenda negligenciar que a "realidade de gênero é performativa", como disse Judith Butler.[6] Da mesma forma com que a memória coletiva performa através da oralidade, o gênero não é "essência rígida", embora se constitua em duração histórica. Convém dizer, ainda, que tanto memória verbal quanto gênero performam não no drama teatral do "ator social" da modernidade (*mise-en-scène*), mas na própria sobrevivência no retorno do trágico.[7]

Para a história oral, a categoria *gênero* é estilizada por identidades oriundas das memórias ecoadas de *redes* em *comunidades de destino*. Aqui, as identidades são sempre características de grupos. Para além de conceitos que enrijecem a categoria de *gênero*, a candência das histórias confere vivacidade e faz com que as trajetórias de mulheres ganhem especial relevo sobre situações testemunhadas/vivenciadas. São lembranças que sinalizam, pois, para conteúdos atravessados pelo *modus vivendi* da pessoa entrevistada, por valores e por construções desnaturalizadas. Nesse sentido, Gleice não capitulou inerte ou imobilizada pela inação – pelo contrário.

Fruto da confiabilidade construída, a interlocutora contou – num exercício de dor presentificada – sobre agressões e sofrimentos psicológicos experimentados durante vivências conjugais. Seus períodos gestacionais foram quase sempre marcados por gestuais de abandono, de solidão, de incertezas. Gleice foi desamparada quando estava grávida durante o *primeiro casamento*, sofrendo as consequências da solidão, e, depois, de preconceitos por ser *mãe solo*. Mas, no *segundo casamento*, foi a vez de a narradora deixar seu esposo. Neste caso, situações combinadas trouxeram perplexidade à entrevistada e a fizeram tomar difícil decisão. Segundo Gleice, seu esposo, à época, ameaçou-a de morte em rituais próprios da *violência de gênero*.

As rupturas do *primeiro* e do *segundo* casamentos foram, pois, marcadores de memória – decepções, renúncias, desencontros. Cabe considerar que episódios de desamparos afetivos praticados contra os filhos de Gleice atingiram, é claro, sua vida emocional. Acontecimentos sobrepostos impuseram, assim, que a entrevistada assumisse maiores encargos financeiros e sofresse danos psicológicos. Com frequência, o medo de sucumbir à efetivação de reiteradas ameaças de morte a deixou atônita. Ela denunciou seu *segundo esposo*, porém, ainda sem a Lei nº 11.340/2006, Lei Maria da Penha, a interlocutora ficou desprotegida.

A história da narradora poderia ficar ainda mais grave? Percebeu-se rápido que, quando se trata da *violência de gênero*, a situação pode sempre se agravar. O *terceiro casamento* de Gleice foi marcado por violências que a levaram ao ápice da dor de ser mulher nas condições descritas. Se a interlocutora falou em *homem ideal* – ou em "idealizações do masculino" –, sua *terceira experiência conjugal* trouxe robustez efêmera ao ideário do *amor romântico*. Projetado com vigor, o *homem ideal* apresentou-se, então, com a mesma força da frustração consequente.

Não demorou e Gleice estava encurralada, ao mesmo tempo que as *idealizações do masculino* se esfacelaram. Agressões impostas pelo então cônjuge da entrevistada oscilaram entre a *violência doméstica* e a *violência intrafamiliar*, porque submeteram as crianças, à época, aos riscos até então jamais dissipados. O que poderia trazer maior dor do que a agressão praticada contra Gleice na presença de seus filhos? Que dizer da agressão direta ou indireta aos seus filhos?

A imagem verbalizada da mulher e mãe agredida enquanto segurava um bebê de colo inquieta ao desafiar limites transpostos pelo extremo. É mostra da perturbação do laço, da mulher, da *dignidade*. Percebe-se que mesmo o gesto maternal flagrado na cotidianidade foi insuficiente para refrear o implacável; de igual forma, a *exacerbação do macho*, ou o machismo praticado, assumiu as formas do ímpeto que sequer a delicadeza da criança indefesa seria capaz de conter.

Que fazer quando o agressor porta arma de fogo? Imagine-se a situação em que a agredida também porta arma: a história poderia ter vários desfechos, de efeitos e consequências múltiplos. O dilema entre a aceitação tácita da realidade e a possibilidade de reação amplificaram a força do imprevisível.

> Sempre que ele se sentia contrariado por algum motivo, engatilhava a arma, apontava para a própria cabeça e muitas vezes ele apontava para mim... E dizia que iria se matar! Eu sempre achava que ele estava blefando e isso aconteceu muitas vezes, muitas vezes...
>
> Gleice Aguilar dos Santos

Na perspectiva da história oral, quando uma mulher narra, presta-se mais a atenção em sua potência de *fala* do que no gestual moderno que centralizou o *falocentrismo*.[8] Logo se percebe na entrevista, portanto, a passagem do ideal *falocêntrico* (moderno) à *fala* (*mais do que moderna*, sensível): performance que combina singeleza e resolução. Quando é assim, torna-se possível se colocar sempre sob a mira de uma *alma* em detrimento da obsessão, das ameaças. Porque é no "rasgo do verbo", da *alma*, que se diz o sofrimento, porém é nele que se mostra ao mesmo tempo o mapeamento de rumos modificados.

A memória verbal – desvencilhada de ideais algo romantizados – encontra na Palavra a força da responsabilidade na partilha à *comunidade*. Dizendo-se das mulheres de forma mais ampla, Luce Irigaray dá a senha da releitura a partir do feminino: "A geografia do prazer feminino não é escutada".[9] Mesmo quando se critica as "armas" no modelo de certa masculinidade, corre-se o risco de não dar ouvidos para quem tem muito o que dizer de si mesma: a mulher. Em perspectiva sensível, a história oral disciplinada acolhe a arte na escuta da voz, a potência feminina e o *corpus* narrativo de mulher. Fugidias ao desgaste da palavra "resistência", sobrevivências falam, gritam; reclamam por *comoções comunitárias*, por direitos encarnados em grupos.

Como se se banhasse nas águas do rio de Heráclito de Éfeso, a vida da interlocutora seguiu, modificou-se e sacramentou: é no rasgo do Verbo que se elaboram as agruras, mas é também nele que se mostra a tenacidade da vida.

PACTO ENTRE MULHERES

> *"[...] A ligação entre mulheres não era possível dentro do patriarcado; era um ato de traição [...] não nos juntamos para ficar contra os homens; juntamo-nos para proteger nossos interesses de mulher."*
>
> bell hooks

No dia 1º de janeiro de 2003, o então esposo de Gleice cumpriu parcialmente sua promessa. Com um disparo na cabeça, suicidou-se, abalou sua família e a pequena cidade sul-mato-grossense de Jardim. A data que poderia sinalizar recomeços, ou o começo de novo ciclo – era Ano-Novo! – não deixou de se caracterizar por velhas agressões. É que o Ano-Novo da família da entrevistada, experimentando anticlímax, verteu-se em velho pesadelo. Importa pensar no *réveillon* como marcador de memória escolhido para o flagelo: Gleice sequer foi poupada da escolha de data característica de *passagem*. Sem que pudesse despertar da realidade, a narradora se encontrou cercada de temores e incertezas. Atos agressivos se tornaram ininterruptos, arraigados em *redes de solidariedade às avessas* e resistentes mesmo com a morte do perpetrador.

Mas quem poderia supor que a *data de passagem do ano* seria, guardados os desprazeres e as dores de graves consequências, o início do tempo para difícil *transição*? É a vida, que, colhendo o que não plantou e plantando o que não há de colher, desfaz/refaz tudo e impõe reviravolta ao *maniqueísmo* – à separação determinada entre *Bem* e *Mal*. A desventura continua sendo o que é: evento ingrato que não se reduz às palavras e não se explica por meio do "razoável". A vida de Gleice, contudo, impôs continuidades.

Sem criar absolutos para "homens", produções de generalidades ou homogeneidades, a existência de pactos masculinos chamou a atenção da narradora. Entre os agressores tais redes silenciosas apontam, então, para a violência reiterada de gênero. Não é incomum que se acobertem, que se ignorem ou mesmo que se apoiem ações criminosas, interposições de dilemas e violações deflagradas. A mobilização da consciência *comunitária* em prol de proteção mútua convoca compreensões sobre tais redes masculinas mencionadas na história de Gleice. As fiações de certas masculinidades atadas em longa duração são amarras silenciosas, "amistosas", que fazem acordos por meio de trançados complexos e igualmente violentos.

As "várias formas de *violência de gênero* são perpetradas contra as esposas sem que o agente imediato dessas práticas seja, necessariamente, o patriarca", disse Saffioti.[10] Disse mais: o masculino, "por ser todo-poderoso", conta com "numerosos asseclas para a implementação e a defesa diuturna da ordem de gênero garantidora de seus privilégio".[11] Mesmo tendo transferido o esposo de Gleice para outra unidade, por exemplo, nenhuma medida alternativa de efetiva proteção por parte do comando da PM foi referida na entrevista.

Antes do fatídico, a interlocutora buscou caminhos de proteção. Decidiu se divorciar do então esposo. Mesmo assim as ameaças continuaram. Depois, sem saber ao certo o que fazer, e grávida, a interlocutora restabeleceu a relação com o agressor. Sem tomar nenhuma medida bem-sucedida, seu superior hierárquico advertiu a interlocutora: "Olha, Gleice, se você vier reclamar do seu marido aqui, eu vou te prender!" Culpar a sobrevivente pela agressão sofrida é gesto de acordo silencioso, sob os ardis de mutualidades do masculino violento. Ao ouvir o oficial, além das violências psicológicas e morais sofridas, Gleice, aos 24 anos, foi novamente alvo – não de bala, mas do tiro metafórico da indiferença e da falsa culpa.

O suicídio do então cônjuge da narradora ocorreu após três meses do restabelecimento da relação. Se é certo que a entrevistada recebeu – depois da morte do então esposo – amparo à saúde emocional, questiona-se por outras medidas de proteção que poderiam ter sido adotadas. Sem generalizar sobre seus colegas policiais, a narradora destacou a indiferença com que seu caso foi tratado pelo entorno institucional. De início, as consequências para Gleice se fizeram sentir – desde as imediatas, tais como sua detenção no comando da PM, seguida de extenuantes perguntas e suspeições.

Chegou o tempo, no entanto, que a interlocutora passou a ajudar outras mulheres, partindo sempre do testemunho, do apoio. Foi assim que a entrevistada, livrando-se o quanto pôde de acusações, de preconceitos e de agressões, seguiu sua carreira na PM até o momento da referida colisão entre valores próprios e os da instituição policial militar. Enquanto esteve na PM, seguiu criando iniciativas para a proteção de mulheres.

A *violência de gênero* é tamanha no Brasil, conforme consabido, que se pode reconhecer a via excruciante até os institutos médico-legais, os hospitais e as delegacias, e não se desprezam acusações falsas e imputações às mulheres machucadas por dores psicológicas, morais e físicas. Tudo sem deixar de lado a realidade do feminicídio, que, aliás, chama atenção em razão da recorrência no país e, em especial, em Mato Grosso do Sul – unidade da federação em que Gleice vive. Segundo dados oficiais, o estado ocupa a terceira posição "com maiores índices de feminicídios, ficando atrás do Acre (3,4) e do Mato Grosso (2,5)".[12]

Estimulada, a interlocutora discorreu sobre o ciclo do rompimento de relação abusiva ou agressiva para além da denúncia; saiu do lugar-comum, evitou clichês e explicou como criou filhos homens e mulheres apostando numa educação que se consolidava à base da franqueza. Aos poucos ficou claro como Gleice deixou a PM e se tornou empresária, tendo antes passado por entidades e organizações. Em todos os lugares, a entrevistada identificou o incômodo de núcleos masculinos em torno de "mulheres libertas". Entre empresários e no mundo dos negócios não foi diferente, o que se explicou, segundo a narradora, a partir da imagem de mulher livre, dona de sua própria história.

Gleice descreveu, portanto, a permeabilidade e a ubiquidade do *sexismo* no *corpus social*, das suas impressões no ofício de policial militar até se tornar empresária do ramo tecnológico. No empírico, seu entendimento confluiu com o de bell hooks: "A ligação entre homens era um aspecto aceito e afirmado na cultura patriarcal", trazendo a pressuposição de que "homens em grupos ficariam unidos, dariam apoio uns aos outros, seriam um time e colocariam o bem do grupo acima de ganhos e reconhecimentos individuais".[13]

> Estava vendo um vídeo de vários homens pescando e eles estavam, ao mesmo tempo, brincando uns com os outros. Estavam brincando com anzóis [...]. Fiquei analisando aquilo e pensando que nunca fiz uma brincadeira desse tipo com uma das minhas amigas, sabe? Nós ainda não somos uma grande *rede*, uma irmandade, assim como os homens de uma ou de outra forma são [...]. Acho que hoje nós, mulheres, precisamos voltar a ser irmãs e recomeçar os nossos vínculos, assim como as nossas *redes*. Precisamos confiar umas nas outras, sobretudo.
>
> Gleice Aguilar dos Santos

O diálogo possível entre bell hooks e Gleice pode continuar: "A ligação entre mulheres não era possível dentro do patriarcado; era um ato de traição", notando-se, entretanto, que os "movimentos feministas criaram o contexto para as mulheres se conectarem"; que "não nos juntamos para ficar contra os homens; juntamo-nos para proteger nossos interesses de mulher".[14] Para Gleice e bell hooks, a sororidade opera como nexo programático, como pacto persistente para modos libertos de vida feminina. Se é possível afirmar algo promissor, é que as mulheres não fogem ao debate mesmo quando avaliam de forma crítica seus laços no grupo. Sejam sobre si própria ou sobre masculinidades, as reflexões de Gleice se fazem ouvir para aquelas que experimentam *violências de gênero* em diferentes expressões. Para além disso, contudo, sua voz se faz mais alta e toca na necessidade de ações efetivas em prol de quantas se encontrem vulneráveis, susceptíveis ou expostas à *violência*.

Notas

[1] Joan Scott, "Gênero: uma categoria útil de análise histórica", em *Educação e Realidade*, Porto Alegre, v. 20, n. 2, p. 86, 1995.

[2] Ibid., p. 71.

[3] Cf. Joana Maria Pedro, "Relações de gênero como categoria transversal na historiografia contemporânea", em *Topoi*, v. 12, n. 22, p. 270, 2011.

[4] Gaston Bachelard, *A psicanálise do fogo*, São Paulo, Martins Fontes, 1994, p. 11.

[5] Ver Heleieth I. B. Saffioti, "Contribuições feministas para o estudo da violência de gênero", em *Cadernos Pagu* [on-line], n. 16, pp. 115-36, 2001.

[6] Judith Butler, "Os atos performativos e a constituição do gênero: um ensaio sobre a fenomenologia e a teoria feminista", em *Chão da Feira*, [s. l.], Caderno n. 78, p. 78, 2018.

[7] Michel Maffesoli, op. cit., 1998.

[8] Por suposto, Sigmund Freud é clássico que movimenta, propõe, inquieta. Como *fundador* de conhecimentos estruturantes, atrai pelo caráter inaugural e duradouro da teoria. São conhecidas, porém, as críticas da área dos estudos de gênero sobre parte do campo freudiano. Os argumentos inventariados, entre outras, por Luce Irigaray, têm alguma razão de ser, embora precisem ser sopesados. A centralidade do *falo* na psicanálise freudiana como estrutura e manutenção do pensamento chamado *falocêntrico* reforça, segundo a autora, imagens e explicações que enfatizam o masculino, mesmo sob perspectiva crítica.

[9] Luce Irigaray, "O gesto na psicanálise", em Teresa Brennan (org.), *Para além do falo: uma crítica a Lacan do ponto de vista da mulher*, Rio de Janeiro, Record/Rosa dos Tempos, 1997, p. 90.

[10] Heleieth Saffioti, op. cit., 2001, p. 116.

[11] Ibid., p. 117.

[12] Mato Grosso do Sul, *Mapa do feminicídio*, Campo Grande, Subsecretaria de Políticas para Mulheres (SPPM) e Secretaria de Estado de Cidadania e Cultura (Secic), 2020, p. 8.

[13] bell hooks, *O feminismo é para todo mundo: políticas arrebatadoras*, Rio de Janeiro, Rosa dos Ventos, 2019, p. 32.

[14] Ibid., p. 32.

Mário José Paradas

"Estou lúcido. Estou vivo como as aves em migração.
Começo por amar a realidade... Nunca declinei a vida.
Mesmo que tudo esteja contaminado e sem reverso,
é a vida que nos povoa; é a vida por inteiro que nos vive!"

António Teixeira e Castro

MIGRAÇÃO

"[...] a história oral nos estudos migratórios
atuais tem um importante papel para combater
a discriminação, o racismo, a marginalização, a
negligência, a intimidação, a violência, o preconceito,
os estereótipos, a xenofobia [...]."

Samira Adel Osman

Fiz contato com uma pesquisadora dedicada aos flu-
xos de venezuelanos para o Brasil. Seguindo algumas
de suas pistas, cheguei em quem poderia falar pela
comunidade venezuelana. Decidi, então, entrevistar Mário.
A indicação foi algo promissora para o projeto: "Se você
está disposto a ouvir histórias de andanças e de sofrimentos,
procura o Mário, porque ele tem muito o que dizer". Fui até
ele, que, por sua vez, não negociou o idioma falado durante o diálogo: a língua castelhana deu *tom latino* ainda mais
acentuado ao encontro.

A casa era rústica. Representava também lar e lugar de
trabalho com as mãos. Antes mesmo de serem gravadas, as

60 VIDAS MACHUCADAS

histórias tinham a pressa típica de andarilhas da memória. Olhares entrecruzados, expectativas espalhadas em expressões faciais e boa recepção. Ainda assim, Mário se confessou nervoso. Era manhã de domingo e fazia calor. Não demorou e Mário sugeriu: "Podemos gravar no quintal?" Tímido no início, o entrevistado se apoderou da Palavra assim que provocado à narração. Por meio da *pergunta de corte*, suas lembranças escorreram uma a uma nos limites da seletividade da memória verbal.[1]

Ainda pela manhã, Mário e Kioba, sua esposa, estavam trabalhando. Mãos hábeis, ligeiras e treinadas faziam cadeiras de junco. Com a minha presença, o entrevistado se desvencilhou do trabalho por quase duas horas, enquanto Kioba permaneceu confeccionando as cadeiras. Basta uma consulta a outros imigrantes para saber que a mutualidade entre o casal é traço notado pela *comunidade* de venezuelanos na cidade de Dourados.

Além de fazer cadeiras, a família mesmo as coloca à venda, atende às encomendas ou as oferece nas ruas. Interromper o labor a fim de contar uma história significa muito para esse trabalhador sem garantias ou direitos; seja no sentido insculpido por Ecléa Bosi – de que "a memória não é sonho, é trabalho" –, seja porque se faz das histórias o próprio trabalho (do trabalho a própria história?).[2] Há, porém, sonhos elaborados na memória que é trabalho – com eles, despontam-se devaneios, invenções e cartografias mnemônicas que só ao imaginário pertencem. Sempre se pode perguntar: sem memória-sonho, haveria cotidiano, imaginário, trabalho? Mário parece indicar que não há, ao menos em seu cotidiano, contradição entre trabalho e sonho, porque sonha enquanto trabalha.

> Do caderno de campo:
>
> Vi a pobreza material de grande parte de um povo, mas vi a força do vínculo. No quintal, Mário e Kioba me contaram, depois da entrevista, como usam do pouco que têm para adquirir cestas básicas. O desejo de alimentar alguns outros chama a atenção em face da insegurança alimentar vivida.
>
> Mas a família, sem vínculo empregatício, não experimentava igual sofrimento? A lógica que operava no interior da comunidade era outra, o que me atraiu a atenção: nada tem com ganhos, mas com saciedades circunstanciadas. Tem a ver com a sobrevivência do laço com o outro – com fome o laço enfraquece e, depois, reforça-se na solidariedade.

O encontro entre história oral e movimentos migratórios já se mostrou promissor em *memória de expressão oral*, sobretudo quando fita percursos de grupos que cuidam da realização de novo projeto de vida – o desejo da sobrevivência. Dá-se, pois, a utopia dos que se sentem marginalizados ainda que quando, em solo brasileiro, a Constituição Federal de 1988 lhes assegure direitos.

Em *situação de entrevista* com migrantes, convém observar questões como "a fratura, a separação, a mutilação, a perda"; a "decisão da imigração" associada aos aspectos "econômicos"; as "decisões e as influências do grupo familiar na efetivação do processo migratório" – conforme recomendou Samira Adel Osman.[3] Tudo isso, é claro, sem se descartar outros elementos, tais como os espaciais, os identitários, os sociais, os financeiros, os culturais. Estão em relevo os planos sobre vir, permanecer e retornar, entre outros. A remessa aos deslocamentos humanos reporta às lembranças da bagagem da vida. Com o interlocutor não foi diferente, pois seu acanhamento inicial se converteu em torrentes experienciais. A história de Mário e sua família foi contada com uso de performances soltas; com emotividade que ora parecia transportar à Venezuela, ora à porosidade fronteiriça e promovia, enfim, encontros com destinos ulteriores.

Assim é que o imigrante demonstra estar em seu país mesmo quando se faz ausente. De forma concomitante, as tensões entre a Venezuela deixada e aquela transportada para o Brasil se mostram como desafiadoras à vida – saudade que grassa. É em razão de ausências que as recordações operam, trazendo lembranças e ressignificando intenções. A história de Mário retrata a dor, as violações de direitos e, sobretudo, o porquê de o deslocamento garantir a salvaguarda provisória da permanência no mundo. No caso do entrevistado, deslocar-se representou continuar vivendo e refazer laços na *comunidade caminhante*. Nada mais evidente do que a memória migrante, que, como se fosse sinalizadora, muda e imprime novos significados ao percurso seguindo pegadas próprias. As lembranças são, por conseguinte, movediças e repletas de pertencimentos que se rearranjam em cadências aceleradas.

Sabe-se que a crise da Venezuela é de longo alcance. Dessa maneira, explicações vulgares mais embotam entendimentos de cenários políticos tensionados por disputas. Ao se considerarem instabilidades no país e episódios conturbados com tentativas de golpes de Estado, não se está, por suposto, referendando posturas autoritárias por parte de governistas. Ao passo que suplantam *direitos comunitários*, por assim dizer, tais governos veem padecer o país sob duras sanções internacionais. Produto de militarização, de *técnica populista*, de autoritarismos e de graves problemas econômicos, o êxodo exponencial de venezuelanos desafia intérpretes e convoca a história oral à escuta compreensiva.

A Comissão Interamericana de Direitos Humanos (CIDH) registrou que "cerca de 264 mil venezuelanos vivem atualmente no Brasil, sendo que 37 mil com status de refugiado". Não se pode deixar de evidenciar que, segundo organismos internacionais, a Operação Acolhida foi "uma boa prática adotada pelo Estado".[4] Ainda assim, a recepção adequada de venezuelanos requer ser qualitativa e com preservação humanitária. Pergunta-se, sem embargo, pelo acolhimento que transpõe a mera recepção de venezuelanos no país. Nesse sentido, importa saber, na entrevista, como Mário e sua família viram ou não os seus direitos efetivados no Brasil. Essa *comunidade caminhante* encontrou no Brasil atos, atitudes e retóricas xenófobas derivadas de extremos que se alinham à instabilidade política como metodologia.

Nicolás Maduro, por seu turno, fechou *fronteiras* com países como a Colômbia e o Brasil em ocasiões distintas. Consta do estudo *Imigração Venezuela-Roraima: evolução, impactos e perspectivas*, realizado pelo Instituto de Pesquisa Econômica Aplicada (Ipea), que no dia 13 de dezembro de 2016, Maduro, com graves repercussões à região e aos migrantes, fechou a *fronteira* entre as cidades gêmeas de Santa Elena e Pacaraima.[5] Mário, que vivia a experiência de trazer produtos diversos ao Brasil, pôs-se, então, a caminho da terra desejada: para ele, depois de aberta a *fronteira*, no dia 6 de janeiro de 2017, os limites transponíveis foram como que convite aceito.

Os *descaminhos* na comercialização de produtos através de Santa Elena/ Pacaraima são como *veredas* abertas para outro modo imaginado de vida. Nesses tempos estilhaçados e de desestabilizações à chamada ordem jurídica moderna, a xenofobia, assim como o preconceito, entranham-se com maior intensidade; pautas autoritárias atuam *in subway* como que operando por baixo, no vagão da existência, que, por sua vez, mobiliza-se em aperto de "ser" migrante. A vida de imigrante é, na sobrevivência transfronteiriça da *além modernidade*, metáfora caminhante e comprimida do trem lotado em busca do *destino aceito*.

Mário tem o condão, portanto, de simplesmente ser, e, sendo como é, de contar a história que convém a partir de sua agência, de sua incursão em lugares outros. Pode modulá-la, quer seja nas variações da voz, quer seja na ênfase conferida a cada acontecimento; nas *"memórias da memória"* de sofrimento que migram junto na bagagem das histórias. Ele é o autor da história cedida. Sua autonomia é essencial para que diga a memória alinhavada ao movimento a que se dispôs. Desde as periferias da América Latina, o que se apresenta na entrevista do interlocutor é história de vida que dignifica subjetividades partilhadas e dá ênfase à *comunidade latina*. São as histórias que puxam os movimentos migratórios, do contrário emigrar seria improvável e fazer-se imigrante seria tão somente realizar estatísticas petrificadas por objetividades.

As importantes noções de *fronteiras*, em seus limites geográficos, simbólicos, ademais, são polissemias vivazes em recordações reelaboradas. Arguto à sua maneira, o entrevistado parece saber que encerrar o debate nos traços da própria identidade (apelando ao individualismo de boas causas) não explica a dor conjunta, o trajeto de muitos outros. Assim, ensaia-se com Abdelmalek Sayad: "Um imigrante não é apenas o indivíduo que é; ele é também, através de sua pessoa pelo modo como foi produzido, o seu país".[6] A memória do entrevistado parece complementar: um imigrante, antes de ser seu país, é a história que não coube *fronteira* dentro. Essa dor é dele e é de muitos, aos quais não pude ouvir a não ser na voz de Mário.

HISTÓRIA 2 – *"AO FINAL DE TUDO, TUDO DÓI"*

> *"Estranho é que, na minha condição, tenho que deixar de viver uma forma de violência e negação de direitos para viver outra. Ao final de tudo, tudo dói."*
>
> Mário José Paradas

Sou Mário, estrangeiro, casado. Sofri muito para chegar até aqui. Estou aqui no Brasil há cinco anos, com minha esposa, dois filhos e uma neta. Nós saímos da Venezuela por causa da situação política e econômica do país. Não dava mais para cuidar bem de minha família e a situação política da Venezuela, com as sanções impostas pelos Estados Unidos, tornou-se muito grave.

Nós viemos de Valência, capital do estado de Carabobo, na Venezuela. Foi lá que me casei, que formei a minha família. Na Venezuela, nós fazíamos o que fazemos aqui no Brasil... Nós trabalhamos muito. Foi difícil sair de lá porque nossas coisas ficaram todas lá. Nós temos até uma casa na Venezuela, sabe?

Antes de sair do meu país de origem, estava no sétimo semestre do curso de Direito, mas, em razão da situação econômica do país, tive que abandonar o curso, a casa e os nossos parentes. Mas não conseguia mais alimentar minha família e isso dói muito. Tive que deixar os estudos para me tornar imigrante – que escolha dolorida... Minha alternativa foi vir para o Brasil.

Fala-se muito em chavismo, mas quando o Chávez era o presidente as coisas eram diferentes de agora. Tinha seus problemas também, claro. Agora tudo ficou muito pior. Com Chávez, havia emprego para grande parte da população venezuelana e, por mais que se diga que não, havia liberdade de expressão, sim – embora não sem violações de vez em quando, como também acontece aqui no Brasil atual.

Existia, ainda, liberdade para comercializar e para estudar na faculdade. Estudavam de forma gratuita, pois muitas pessoas, assim como eu, não tinham condições. Apesar de tudo o que dizem – principalmente aqui no Brasil –, na época do Chávez existia respeito a muitos dos direitos sociais. Muitas coisas eram ruins, mas o que quero dizer é: não podemos negar os desastres causados por sanções internacionais contra a Venezuela e, ao mesmo tempo, a piora que ocorreu com Maduro.

Houve uma mudança radical. Porque o cenário internacional trouxe muita fome e miséria para o povo venezuelano. Os direitos sociais da população, que anteriormente se tinha, foram se desfazendo. Sempre se ouvem as lideranças dizendo no microfone:

– Não existe autoritarismo na Venezuela.

Mas vários países dizem que existe, sim, autoritarismo venezuelano, assim como agora vocês estão vivendo o autoritarismo de direita no Brasil. Aqui as instituições estão mais fortalecidas do que na Venezuela. Seja como for – e eu não quero ser irresponsável com as palavras –, direitos foram suprimidos: liberdade de expressão, direitos sociais e a moeda desvalorizou muito. Isso não tem somente a ver com a visão brasileira atual sobre direita e esquerda: é mais profundo do que isso. Porque o Juan Guaidó, lá na Venezuela, também quis dar um golpe. Não é? Por trás dos golpes da América Latina estão, como todos sabemos, os Estados Unidos, que têm interesses econômicos em nossos países.

Criou-se um clima instável e insuportável na Venezuela: fome, perseguição, dificuldades para meus irmãos de sangue e para minha família. Sempre tivemos dúvidas sobre eleições na Venezuela, embora em vários países da América Latina as questões eleitorais sejam muitas vezes questionáveis. Porque, no Brasil, vocês têm uma estabilidade com o voto... Não tem dúvidas depois da votação, apesar de o atual presidente afirmar que o sistema brasileiro é falho.

Só que um dos principais direitos que foram afetados recentemente, na Venezuela, foi a liberdade de expressão. Não podíamos contestar o governo em questões que eram elementares, como a economia, os direitos sociais e outros aspectos. A liberdade de expressão está na *Constitución de la República Bolivariana de Venezuela*: que toda pessoa pode se expressar. Todos os venezuelanos, que são leitores da Constituição, sabem que têm direito a expressar suas ideias, sejam quais forem.

Mas a liberdade de expressão das pessoas naturais foi violada, principalmente quando havia protestos de estudantes. As universidades venezuelanas sempre se reuniram para protestar contra o governo por causa das violações de direitos humanos e de direitos fundamentais. As manifestações passaram a ser reprimidas. Aumentou a violência do Estado contra as liberdades das pessoas, dos estudantes e das mulheres. Muitos foram parar na cadeia! As pessoas presas e até mortas como se fossem criminosos reagiram à prisão... mas estavam apenas protestando.

Posso dizer, com segurança, que o povo venezuelano tem medo e não confia que possa ter privacidade ao votar ou ao se manifestar. Aqui no Brasil, os trabalhadores podem protestar contra o governo, mesmo que existam alguns episódios de repressão. Mas lá muitos são lançados no cárcere: pessoas com esposa, filhos... não importa! Entre os fatores determinantes para a minha mudança de lugar foi a desvalorização da moeda, o que pode ser sentido no câmbio e quando se considera o dinheiro brasileiro ao lado da moeda venezuelana – o *bolívar venezuelano*. Eu percebi que tinha que mudar por causa do câmbio, porque eu levava mercadorias para vender no Brasil e retornava para a Venezuela.

Fui convidado para trabalhar com uma pessoa no Brasil e vinha sozinho para o país. Aqui, trabalhava com mercadorias, na rua... Quando regressava para a Venezuela, voltava com o dinheiro e percebia a enorme diferença da moeda. Depois de alguns anos eu falei para a minha família: "Vamos embora para o Brasil!", porque tinha, como vocês dizem, *saudades* deles quando não estava em casa. No começo houve resistência da minha família, que não queria vir para cá de jeito nenhum. Ainda que tenham resistido no começo, logo chegaram à conclusão de que o melhor era mesmo pegar o caminho da esperança com destino ao Brasil.

* * *

Quando cheguei em Santa Elena, em Pacaraima, e estudei português aqui no Brasil, fiquei muito perdido. Completamente sem rumo! Nós viemos para o Brasil em 2017. Porque não sou somente eu, mas tinha a minha família. Não falávamos o português! Quando cheguei na fronteira com o Brasil, tinha um escritório da ONU (Organização das Nações Unidas) com autoridades que me deram atenção e apoio. Deram-me autorização para entrar no Brasil.

As maiores dificuldades que tive foram com o autoritarismo das autoridades venezuelanas. Até chegar no Brasil foi tudo muito difícil, pois os militares venezuelanos não querem deixar as pessoas seguirem até o sul da Venezuela.

Sob ordens de governistas, eles impedem que a pessoa se locomova e se expresse. Eles querem saber se as pessoas têm dinheiro, se têm telefone, se têm para onde ir; os militares travam esse sonho venezuelano. A Venezuela está passando por uma forte crise humanitária. De vez em quando o Maduro envia para a fronteira um tanque, mas as pessoas não querem viver sob um governo autoritário e têm sonhos. Os militares querem fechar todas as portas da fronteira para impedir o trânsito dos cidadãos nos países que fazem fronteira com a Venezuela.

Quando chegamos na fronteira, não permanecemos lá porque não podíamos morar em qualquer lugar ou mesmo na rua. Mas muitos moram na rua e no abrigo. Nós nunca fomos acostumados a isso. Sempre tivemos nossa casa na Venezuela. Queríamos chegar em Boa Vista, em Roraima, e por isso guardamos um dinheiro. Assim que cheguei na rodoviária de Boa Vista, deixei minha mulher lá e conversamos antes:

– Fique aqui. Prometo que retornarei para te buscar.

– Você vai retornar, Mário?

– Sim, pode confiar.

Nós permanecemos em Boa Vista, mas as circunstâncias eram difíceis. Eu aluguei um lugar, mas não havia um colchão, um ventilador, uma geladeira... Não tínhamos nada. Não estávamos acostumados com esse jeito de viver. Minha mulher e eu discutíamos:

– Mário, vamos voltar para a Venezuela.

– Não vou não, não vou não – Insisti bastante.

Em Boa Vista, já com fogão e móveis, nós moramos por três anos. Eu era comerciante e trazia mercadoria da Venezuela para vender em Boa Vista, mas para trazer algo da região central da Venezuela para o Brasil era horrível. Pois tinha que dar dinheiro e mercadoria para os policiais venezuelanos. São corruptos. Tem isso... Eu teria que pagar impostos para trazer a mercadoria – também estava errado, mas, quando chegava no Brasil, conversava com as autoridades na fronteira e trazia meia, roupa e umas 500 bonecas mais ou menos. Era o sustento da minha família...

As autoridades brasileiras compreendiam melhor e era um privilégio que davam para mim, mas porque eu falava a verdade. Na Venezuela, pelo que me consta, eles pegavam a mercadoria para si próprios e não para apreenderem.

Às vezes eu trazia mercadoria de Santa Elena – caixa térmica, garrafa térmica. Detinham-me e começava a insistência:

– Tem que me dar dinheiro!
– Não tenho dinheiro!
– Mas tem que me dar dinheiro!
– Não tenho dinheiro, "hermano". Essa mercadoria é para sustentar a minha família em Boa Vista, porque eu pago aluguel, não tenho muito dinheiro, tenho filhos.

Eu buscava atalhos para me locomover com a mercadoria. Mas, quando chegava no território brasileiro, sentia uma paz, porque sabia que a polícia nem sempre iria levar a minha mercadoria.

* * *

Sofri muito preconceito no Brasil.

Pensando bem, fui recebido pelo país... Mas depois vivi situações muito desagradáveis. Esse foi um dos motivos que me levaram a sair de Boa Vista: a Polícia Civil me chamou de ladrão, de pilantra. Eu nunca fui ladrão e pilantra, nem na Venezuela, nem no Brasil. Sou imigrante, apenas. Fui acusado e procurei provar que não havia feito nada do que disseram, inclusive tentei ir à Justiça brasileira para ficar "limpo", mas não consegui... Ir até a Justiça não é fácil para pessoas estrangeiras e ainda mais para venezuelanos.

Disseram que eu peguei um dinheiro de uma pessoa... disseram que a pessoa derrubou o dinheiro no chão, que eu peguei e que não quis devolver para o dono. Então, foram na minha casa sem autorização de um juiz, entraram na minha casa e foram no meu trabalho. Eu trabalhava, na época, na Feira do Produtor – a principal feira de Boa Vista. Passei muita vergonha na frente dos meus clientes e dos outros comerciantes.

Quando eles entraram na minha casa, já alertei: tenho dinheiro em casa porque sou comerciante. Mas eles insistiram que o dinheiro que eu tinha em casa era de origem criminosa:

– Você é ladrão e pilantra... – Porque os venezuelanos são ladrões e pilantras.

Eu fui até um advogado, porque queria ir à Justiça brasileira, pois nunca fui ladrão e queria realmente ficar limpo. Além disso, fui acusado por uma banalidade, uma situação qualquer. Algo muito trivial! O problema é que sou venezuelano... Mas o advogado que consultei na ocasião conversava muito comigo:

– Mário, é melhor "deixar quieto".
– Não posso "deixar quieto", porque tenho minha honra e sou comerciante. Nunca fui ladrão!
– Mas mexer com a polícia pode ser algo muito ruim para você. Você não conhece essa gente... Pode ser que eles façam uma represália a você.

Depois que deixei o escritório do advogado, fiquei muito indignado. Senti uma indignação profunda, porque entraram na minha casa sem autorização, e, porque eu sou venezuelano, acusaram-me de um crime que nunca provaram. De algo absurdo e banal! Tive que ficar calado para não sofrer "represália", conforme disse o advogado. Dói muito quando a gente sofre xenofobia e falsa acusação só por ser venezuelano.

Foi algo horrível, que me faz ficar sensibilizado agora. Entendo que isso aconteceu comigo porque, como disse antes, sou venezuelano e me apresento desse modo – sou o que sou. Lógico que sei que existem venezuelanos que estão fazendo coisas erradas no Brasil, na Colômbia e em muitos outros países... Mas, se um venezuelano faz alguma coisa errada, ele tem que pagar por aquilo que está fazendo.

Você acha justo que todos os venezuelanos sejam condenados, ou pelo menos acusados, por aquilo que um único venezuelano fez? A pena de um deve ser aplicada para todo mundo? Todos os dias, venezuelanos e brasileiros cometem crimes... e todo aquele que comete crime precisa "pagar" por aquilo que fez. Depois desse fato, eu e minha família quisemos sair de Roraima, porque não nos sentimos mais seguros naquele local. Ficamos com muito medo por causa da xenofobia.

Quando os policiais me acusaram de ladrão, em Boa Vista, senti muita raiva. Foi raiva, raiva, raiva, raiva. Porque, na Venezuela, estava estudando Direito na faculdade. Eu estava estudando Direito porque não gosto de "injustiça", como se diz. Não gosto da transgressão de direitos ou discriminação... Isso não é para mim. Senti muita raiva quando a discriminação aconteceu comigo, pois os juristas falam de xenofobia na universidade, mas quando ocorre com a gente, dói muito e é muito ruim.

Em Roraima a situação é grave, porque existe discriminação, mas é muito mais que preconceito – que já é sério. Em Boa Vista existe uma guerra! É algo grave o que ocorre entre venezuelanos e brasileiros, porque existem consequências. Muitos brasileiros dizem que nós, venezuelanos, fazemos coisas erradas e cometemos crimes... que somos pilantras, ladrões! Há muita briga. Eu não queria mais passar por uma circunstância dessa, como aconteceu com a polícia e com falsas acusações. Quis sair de Roraima! Agora, faz dois anos que estamos morando aqui no Mato Grosso do Sul.

Só Deus sabe como vim parar aqui. Através da minha conta numa rede social, encontrei um religioso que trabalhava com imigrantes. Eu sempre digo que, aqui no Brasil, não vou conhecer alguém que tenha um coração como o dele...

Bastaram três mensagens enviadas pelas *redes sociais*. A Operação Acolhida é do Exército e todos sabemos que as Forças Armadas no Brasil, e em outros países da América Latina, exercem um papel ruim em relação à democracia. Nesse caso, pelo menos uma migalha do Estado a gente pôde ter. Não reverencio o Exército de jeito nenhum, mas ao mesmo tempo precisava de ajuda, porque estava desesperado.

Disse ao religioso, com quem conversei nas *redes sociais*, que precisava sair de Boa Vista porque a situação estava muito difícil. Depois, ele me falou:

– Mário, vai até o lugar "tal" e procure o coronel Mendes.

No outro dia, bem cedo, fui atrás do coronel Mendes. Começamos, então, a regularizar a documentação de estrangeiros. Como é sabido, tem que ter a documentação do Brasil para dar tudo certo. Nós fomos trazidos para cá porque o Estado, e o próprio Exército, têm um convênio com a ONU. Quando chegamos aqui, fomos acolhidos pelo religioso, que coordena um instituto. O instituto cuida de pessoas em vulnerabilidade social – pessoas necessitadas, sem amparo, imigrantes. Muitas famílias venezuelanas vêm da mesma forma: recebem ajuda dessa parceria com a ONU e são acolhidas por religiosos. O Exército quer números de atendimento para dizer que estão fazendo algo, mas há religiosos que, mesmo minoritários, nem sempre estão alinhados às ideias xenófobas dos governos brasileiros recentes.

* * *

Interessante a pergunta que você me fez, sobre do que tenho saudades na Venezuela. Respirando fundo, digo-lhe que tenho saudades de ir embora do meu país. Tenho saudades de ir embora a toda velocidade. Não tenho saudades da falta de liberdade de expressão, da forte repressão sofrida por simples manifestações estudantis e, sobretudo, da desvalorização da moeda. A desvalorização da moeda empobreceu a vida da gente e a inflação era horrível. Não tínhamos mais condições de consumir o básico para viver!

Claro que deixei coisas na Venezuela, como a nossa casa e nossos pertences. É difícil dizer. Lá e aqui eu passei mal na vida, pois lá a vida piorou muito e aqui trabalho por conta própria. Às vezes o trabalho para, o serviço acaba e os clientes param... As coisas que faço manualmente não chegam... Sinto, então, a privação e a pobreza, porque as contas chegam, os boletos chegam e o aluguel tem de ser pago todos os meses.

Lá eu tenho a minha casa. Aqui não tenho nada, mas possuo alguma liberdade de expressão, mesmo que às vezes com discriminação, com violência e com agressão. Nossa, parece que aqui e lá nós não temos paz! Ser latino-americano é, nesse sentido, um tremendo problema... Estranho é que, na minha condição, tenho que deixar de viver uma forma de violência e negação de direitos para viver outra. Ao final de tudo, tudo dói. Por outro lado, aqui eu não tenho ninguém para pedir socorro... Sabe o que é estar em um lugar sem ninguém para pedir socorro? Pois é! Se não pago o aluguel, vou para a rua... Acho, dentro de mim, que a minha presença no mundo, seja na Venezuela ou no Brasil, sempre trouxe injustiças. Sofri lá e sofro aqui também.

Mas é uma coisa contraditória! Vou explicar o porquê. Eu tenho saudades de ir embora a toda velocidade... Só que também tenho saudades de lá e quero voltar um dia. É uma briga de sentimentos dentro de mim. O problema de lá é a inflação, mas é meu país. Agressões nós sofremos dos militares venezuelanos e da polícia brasileira... Fico pensando que as agressões acontecem lá e acontecem aqui, embora sejam muito diferentes as formas, os motivos e até as razões políticas. São governos diferentes, mas a violência está esparramada na América Latina.

Não gostaria de pagar aluguel para sempre. Ninguém quer pagar aluguel, né? Veja que, se eu tivesse um emprego com carteira assinada, seria diferente, porque pensaria em ficar no Brasil por muito mais tempo. Faz falta ter um emprego... formal! Eu não tenho, não tenho trabalho, não tenho vínculo. Ninguém me contrata porque sou estrangeiro!

No meio desse desemprego, você acha que dariam emprego para um venezuelano? Fui muito discriminado aqui em Dourados e doeu muito... Na Venezuela, trabalhei na Coca-Cola, que é uma multinacional. Quando cheguei em Dourados tinha uma vaga de emprego em uma grande empresa, para trabalhar como motorista. Fiquei muito feliz e esperançoso... Fui até a Casa do Trabalhador para me candidatar à vaga... Ao chegar no local, expliquei que tenho experiência e que trabalhei na Coca-Cola na Venezuela.

Quando o senhor com quem conversava se deu conta de que sou estrangeiro, disse:

– Existe a vaga, mas tem que ser brasileiro...

Olhei bem para ele e disse:

– Me dê uma oportunidade de demonstrar em cinco minutos, pelo menos, que tenho experiência para esse emprego. Porque trabalhei na Coca-Cola!

Ele riu. Nunca um riso doeu tanto, você consegue perceber a dor desse riso? Depois, saí falando baixinho:

–Andei durante seis meses entregando currículo por todos os lados! Não é justo, não é justo!

Não aguentava de tanta dor nas pernas. Andei, andei, andei entregando currículo, mas tinha um detalhe que é toda a minha vida... Sou venezuelano e nada vai mudar isso. Já cheguei muito perto de preencher uma vaga de emprego, mas quando se davam conta de que sou um estrangeiro, falavam que não poderiam me dar o emprego ou que já tinham preenchido a vaga. Que tristeza isso me dá... O nome que dou a isso é discriminação, xenofobia, ódio. De que adianta o Exército fazer de conta que nos acolhe? No máximo, somos recebidos... mas, acolhidos, seria muita coisa!

Penso que a discriminação não vem do Estado brasileiro propriamente dito, porque existe uma Constituição Federal no Brasil... Quando um venezuelano entra no Brasil, recebe permissão de 15 dias ou um mês para ficar, tem os mesmos direitos que um brasileiro à saúde, à educação e outros.

Mas existem brasileiros que não têm noção da Constituição, das leis do país e dos direitos humanos. A discriminação parte das pessoas e até dos governos, mas o Brasil tem uma legislação que deveria proteger os estrangeiros. Tem também o coração da pessoa que discrimina, do sangue, da carne... Essa discriminação tem a ver com quem a pessoa se tornou na vida. Existem pessoas que discriminam até mesmo seus irmãos brasileiros.

Às vezes a pessoa vem de outro estado, ou do Nordeste, e sofre discriminação, assim como os indígenas sofrem preconceito e invisibilidade. Meu "hermano", a pessoa vem de outro estado do Brasil já sofre discriminação...

Que se dirá, então, de um venezuelano? Se brasileiro discrimina brasileiro, com estrangeiro acontece algo muito pior.

Quando uma pessoa sofre discriminação, é algo muito doloroso. É algo triste e doloroso! Doloroso porque estão fechando a oportunidade de um trabalho; estão falando com ódio várias palavras de discriminação! Muitos têm raiva para dar a um estrangeiro. Isso dói muito! Não é exclusividade do Brasil... Veja a situação dos imigrantes no continente dos colonizadores! Lá na Europa há muitos árabes que sofrem e têm que ressocializar para sobreviverem.

Vou te dar um exemplo aqui do Brasil. Morei de aluguel por um ano e quatro meses. Certinho... Paguei aluguel certinho... Sem atrasar, porque estrangeiro não tem direito de atrasar aluguel. Porque sou responsável com minhas coisas, com minha família. Mas a senhora, dona da casa, na primeira discordância entre nós, falou para mim que eu sou vagabundo. Depois de tudo que passei com os militares na Venezuela, com a polícia em Roraima, agora, aqui em Dourados, uma senhora me chama de vagabundo novamente. E eu senti raiva! Raiva é um sentimento humano, não? Mas até raiva nós, imigrantes, não podemos confessar que sentimos. Sabemos que raiva não é um bom sentimento... Ela me chamou de vagabundo e eu sou incapaz de pegar qualquer coisa de qualquer pessoa, entendeu? Só por que somos imigrantes? Isso foi algo que me partiu o coração!

* * *

Existem brasileiros e brasileiros, não é? Assim como nem todos os venezuelanos são iguais. Acho que alguns brasileiros – não estou generalizando! – são nacionalistas, são racistas, são xenófobos e são dinheiristas. Essa parcela é profundamente dinheirista, mas dinheiro na vida não é tudo! Eu deixei coisas na Venezuela, apesar da situação difícil do país. Tenho uma casa lá! Algumas discriminações que sofremos de brasileiros doem mais, outras doem menos.

Para sobreviver com minha família, vendo cadeiras de junco que eu mesmo faço com a ajuda de minha esposa. Nós trabalhamos o dia inteiro e, até mesmo agora, enquanto dou esta entrevista, a Kioba está fazendo uma cadeira enquanto nos ouve. Um dia sofri uma discriminação que ficou marcada na minha memória. Atendi um casal que queria comprar cadeiras de junco, estava conversando com ele, a esposa e a criança, quando, de repente, ele se deu conta que eu sou venezuelano e tivemos um diálogo meio estranho:

– Vou te falar uma coisa... Na minha opinião, os estrangeiros têm que ir embora.
– Por quê?
– Porque os estrangeiros estão tirando o nosso trabalho, o trabalho dos brasileiros. Por isso vocês têm que ir embora daqui.

Aquilo foi muito agressivo. Eu fiquei muito machucado e falei para ele:

– Desculpa aí, "hermano", eu sou estrangeiro e, no tempo em que vivo no Brasil, nunca trabalhei para um brasileiro... Sempre por minha conta. Eu tenho coragem para o trabalho e, assim como tenho, a minha família também tem coragem para trabalhar.

A esposa dele discutiu com ele na minha frente em razão do que falou – foi muito desagradável:

– Meu amor, você não pode falar assim. Tem que respeitar as pessoas!
– Os brasileiros eu respeito, mas os venezuelanos que vêm aqui querendo fazer do nosso país a casa deles eu não respeito, não. De jeito nenhum!

Isso é discriminação também. Mas esse sentimento está impregnado em setores que estiveram dispostos a entregar os rumos do país às pessoas extremistas. Porque trabalho com as minhas cadeiras e, se tenho coragem, vou seguindo em frente. Se uma pessoa brasileira, que está no país de origem, não tem coragem, não vai em frente, não...
Outra brasileira conversou comigo de forma discriminatória:

– Volta para a Venezuela... Você está melhor do que muitos de nós.
– Senhora, eu tenho coragem de trabalho! Tenho coragem, um carro e pago o aluguel em dia. Compro, invisto, administro.

Eu tenho o sonho de retornar para o meu país. Não vou dizer que estou mal aqui no país, pois estou indo para cinco anos morando no Brasil. Mas tenho vontade de retornar para o meu povo, para a minha cultura e, é claro, espero encontrar um ambiente político-econômico melhor quando isso acontecer. Lembro-me – meu Deus! – da família que deixei no meu país. Muita coisa que eu pensava ficou lá... Meus projetos ficaram lá! Meu curso de Direito, que tive de interromper, ficou lá na Venezuela.

Sou feliz aqui, porque tenho dois filhos e já sou avô... Só que a minha vida antiga ficou praticamente "jogada" na Venezuela! Acho que essa guerra política entre Maduro e Juan Guaidó tem que parar, porque isso não leva a nada. Essa guerra já tem deixado de uma forma ou outra muitos mortos no meu país. Não consigo acreditar em golpes de Estado, seja contra Chávez ou Maduro. Ao mesmo tempo, não consigo acreditar que vivemos a melhor situação com a melhor teoria sobre o que é um governo progressista que garante direitos.

* * *

Quero deixar uma reflexão modesta para todos os brasileiros. Tem que aprender a valorizar o que existe nessa terra, na sua casa e na sua família. Hoje vocês têm muitas coisas... Muitos têm casa, carro, moto e emprego. Na Venezuela, antigamente, nós também tínhamos as coisas. Mas e depois? Ninguém sabe se vai ter as coisas e principalmente as pessoas por perto! É preciso tomar cuidado para que o Brasil não se torne uma Venezuela! Veja que irônico isso é.

Às vezes você vê um imigrante... olha para ele... hoje, ele é o imigrante... amanhã pode ser você! É difícil, porque quando uma pessoa chega em outro país não tem nada... Uma lição da vida é que temos que ter amor pelos familiares, pelos vizinhos, amor às coisas conquistadas pelo país da gente. Fico percebendo o jeito de alguns brasileiros que discriminam: claro que não são todos – não posso generalizar, como já disse, mas muitos não conhecem a história das conquistas e o valor que as pessoas ou as coisas têm.

Falo como venezuelano ainda machucado. Valorizem o que vocês têm. Não é fácil ser venezuelano no Brasil e também não deve ser fácil ser brasileiro em outro país. Fico pensando que comecei essa entrevista exaltando as qualidades do Brasil e, ao final, as palavras foram saindo de mim uma a uma, demonstrando que aquela imagem que eu tinha era a de *um castelo de cartas*. Pensando na Venezuela, no Brasil e no mundo dominado pelo liberalismo – como se diz? –, caiu o *castelo de cartas*.

EMIGRAR PARA VIVER

> *"Para chegar ao outro lado, é necessário*
> *passar pelo deserto. Aquele desejo pelo*
> *infinito, pelo desconhecido [...] que é*
> *sem retorno. Passar pelo deserto é uma*
> *experiência por meio da qual o ser*
> *humano vive sua extrema fragilidade e*
> *sente o peso da existência."*
>
> Luis Alberto Méndez Gutierrez

Liberdade! Liberdade! Abra as asas sobre nós.[7] Do *joropo* venezuelano ao samba brasileiro, quais foram os ritmos da oralidade caminhante em Mário? De qual *liberdade* versa o interlocutor? O *tom* vital da entrevista não espelha a abstração da *liberdade* e, tampouco, o *liberté* moderno. Pouco importava um lugar atraente, idílico, *livre*; não se pensou em classes, em ascensão, em libertação. Tornar-se imigrante é em certo sentido expressão de revolta. Mas é revolta do tipo insatisfeita, que sacode na busca reiterada da existência.

Sobreviver é mesmo a conquista desses períodos trincados. Para um venezuelano – na periferia da América Latina – importa, a despeito de outros modos de vida, trabalhar em busca do necessário. Na *periferia da periferia* do continente, Mário, que viajou, vendeu e viveu no *descaminho*, percebeu que seria necessário se deslocar. A vida deslocada acontece, porém, no percurso dos destinos refeitos. Por isso, a condição anterior à migração só existe no conjunto de memórias faladas. Emigrar para viver, *ipsis litteris*. Porque se busca não a abastança, mas o mínimo necessário.

Para sobreviver é preciso contar uma história, revisitar os escombros do passado e retirar do escuro os substratos para a nova condição. Mesmo que se trate de direito à mobilidade, os compassos do emigrado implicam ora em rupturas, ora em permanências saudosas; sempre se requer que, ao tempo dinâmico das histórias, o emigrado se torne imigrante, isto é, que costure novos laços no *destino sonhado* como realidade.

Ficar na Venezuela ameaçava a vida de Mário e dos demais membros de sua família; o deslocamento também os ameaçou, ao cabo. Mesmo que com instabilidades, tornar-se imigrante é viver em outro lugar como se fosse o seu próprio. À medida que se desloca, o imigrante se torna tático do cotidiano: "A tática só tem por lugar o do outro", em Michel de Certeau.[8] Estar e ser; ser e estar – tudo, ao pé da letra desencarnada, para (não) permanecer, para fluir. São modos que confluem em *fronteiras* que, borradas pela dor, reelaboram-se em práticas da revivescência.

VIDAS MACHUCADAS

Da mensuração de riscos, passa-se à convicção nem sempre razoável de que, em lugares outros, vivem-se menos inseguranças. Não se está narrando tão somente sobre ganhar ou sobre preservar coisas, mas sobre existir. Fala-se, como já exposto, mais do *mínimo existencial* necessário à continuidade da vida. Sayad chamou a atenção para as dimensões históricas e de análise da sociedade imediata. O "imigrante só existe na sociedade que assim o denomina a partir do momento em que atravessa suas fronteiras e pisa seu território; o imigrante 'nasce' nesse dia para a sociedade que assim o designa".[9]

A memória de imigração – esse substrato mutável e transitório do movimento – encontra meios de justificar a saída, a abdicação, a ruptura; legados geracionais e intergeracionais são transpostos por explicações "sobre vivências". Assim que, ao relatar as graves crises política e econômica experimentadas pela Venezuela, o interlocutor falou em certo clima político-social insuportável. A desvalorização da moeda, os índices inflacionários insolúveis ao menos nessa conjuntura, as sanções internacionais e a drástica e longeva militarização do governo colocaram em xeque os direitos fundamentais no país: os mais atacados são, conforme o narrador, a liberdade de expressão (de manifestação) e os direitos sociais. Direitos civis, políticos e prestacionais entraram crise, levando venezuelanos à bancarrota junto com o país.

Rápido se constatou que as recordações de Mário trouxeram a lume não somente a economia desgastada. Arrastaram consigo a percepção de um venezuelano sobre as próprias desventuras. Sem esperanças de curto prazo e com os modos de vida severamente comprometidos, a coragem de sair não requereu garantias. Foi uma ruptura humana com as barreiras que se punham contrárias

> Fico pensando que comecei essa entrevista exaltando as qualidades do Brasil e, ao final, as palavras foram saindo de mim uma a uma, demonstrando que aquela imagem que eu tinha era a de um *castelo de cartas*. Pensando na Venezuela, no Brasil e no mundo dominado pelo liberalismo – como se diz? –, caiu o *castelo de cartas*.
>
> Mário José Paradas

ao *direito de fala*, de reinvindicação: ao emigrar, o narrador se expressou de maneira decisiva.

Contar a própria história foi seu grito de *liberdade* possível. Dar ouvidos às memórias desse contingente de *peregrinos da sobrevivência* é urgente, portanto. Quando alguém grita nas fronteiras, é porque quer ser ouvido para além dos limites da política e da geopolítica internacional – é sempre com a vida que o emigrado reverbera sua dor.

A vida não tem garantias, não é vivida a prestações, embora inclua períodos determinados; não pode ser trocada por outra. Não é bem substituível por outro (fungível). As histórias de vida, e Mário ajuda a compreender, dimensionam as ciências humanas e sociais para o dia a dia, de onde não é raro que se ausente certa escrita. Não são somente as importantes estruturas, os conceitos universais, assim como os parâmetros abstratos que melhor explicam violência e deslocamento. Se quem se torna imigrante não pode explicar a própria dor, ninguém mais pode fazê-lo em seu lugar, ainda que as análises independam do vivido.

Se, além disso, o sofrimento para um latino-americano desprovido é ubíquo, independe de destino e parece globalizar a angústia, isso ocorre na tensão "entre-dois-lugares, entre-dois-tempos, entre-duas-sociedades e, sobretudo, entre duas-maneiras-de ser ou entre-duas-culturas".[10] E é nesse "entre", dito por Sayad, que mora a memória, sua maleabilidade, sua adaptabilidade; o fluxo de lembranças depende sempre dos vãos da vida cujo sentido, para um imigrante, nunca é em vão: é lembrança que desfaz para outra nascer em seu lugar, numa ordem narrativa vertiginosa.

Nesse sentido, Alistair Thomson atesta a "importância das lembranças na construção do migrante individual e das identidades das *comunidades* migrantes e étnicas", pois as "nossas lembranças de quem fomos e de onde viemos moldam nosso sentido do 'eu' ou de identidade no presente e, dessa forma, afetam as maneiras como construímos nossas vidas".[11] O cotidiano, a memória, a identidade de grupo, a sobrevivência familiar, a vida religiosa e, inobstante, o trabalho, são epicentros mnemônicos capazes de lançar luzes sobre a experiência da migração.

Se se pode pensar a "experiência da migração, que por definição está centrada em torno de um processo de disjunção aguda", pode-se, de forma concomitante, entendê-la como "necessidade urgente de construir identidades e histórias de vida coerentes, de um passado exemplar que possamos preservar e dificuldades específicas nesse sentido".[12] Daí a história do entrevistado é tanto uma necessidade quanto a narrativa do percurso: passando por Pacaraima até Boa Vista e de lá, na defesa da *dignidade machucada*, até o Centro-Oeste do país. Assim como em grande parte das histórias de migração, Mário tanto quer ter o que dizer quanto de fato tem – ele fabrica histórias como mostra de resistência, de força, de coragem. A destreza das suas mãos na feitura das cadeiras de junco é semelhante ao trançado das histórias que conta sem solicitar pausa para descanso.

A experiência de cada violação foi sentida na narrativa: abandonar o curso superior no sétimo semestre pode não ter sido pior do que deixar parentes dos quais se tem saudades; dormir no chão pode não ser pior do que viver no desalento sobre o direito de trabalhar. O que dizer, então, do racismo, da xenofobia, da insegurança alimentar/fome e da discriminação? Emigrar só não é mais inseguro do que permanecer no país de origem.

Em outras entrevistas com venezuelanos, consta o que disse Mário: permanecer na Venezuela é aceitar a carestia ou arriscar tudo na luta cotidiana. Gesto de autodeterminação, não há contratos, partes e acordos claros para a decisão do deslocamento. Se o deslocamento é *direito humano*, é certo que não convém torná-lo algo romanesco, como se fosse só expressão de bravura. É vontade de viver. É expressão dos *direitos encarnados* por *coletivos caminhantes*.

TRABAJAR, TRABAJAR E TRABALHAR!

> *"O trabalho não pode mais oferecer o eixo seguro em torno do qual envolver e fixar autodefinições, identidades e projetos de vida."*
>
> Zygmunt Bauman

Na "origem da imigração encontramos a emigração", ato inaugural e decisivo – sempre radical em função das partidas antecedidas de recomeços incertos. Porque se modificam no imediato as perspectivas do porvir e se alteram as lembranças do país deixado para trás.[13] No entanto, antes de ser "deslocamento de pessoas no espaço", notam-se alterações na língua falada, na espiritualidade do coletivo e no trabalho, entre outros aspectos da vida do migrante. As dificuldades para falar o português, as lembranças da recepção seguida de preconceitos, a ajuda recebida de religiosos e as privações materiais justificaram, para Mário, a necessidade constante de trabalhar da forma como foi possível. O interlocutor, por essa razão, preferiu invocar a "coragem para o trabalho" como espécie de disposição. Encontrou, contudo, obstáculos até mesmo para ingressar na massa precarizada.[14]

Sustento, manutenção da família, enfim, nada escapa à necessidade de trabalhar. Se é certo de que Mário pensou em muitas outras coisas – tais como na fé e em política, o trabalho é vértice destacado de sua história. Antes de emigrar, Mário vendia coisas no Brasil: entre outras, travesseiros, bonecas de plástico, vasilhas, baldes, vassouras, meias e escovas de dente. Embora soubesse da drástica e progressiva desvalorização da moeda de seu país, foi ao trabalhar vendendo mercadorias no Brasil que Mário se despertou à própria pobreza. Ser pobre é, decerto, diferente da "tomada de consciência" sobre a condição de pobreza. A pobreza de Mário e de sua família é a pobreza do *contingente venezuelano* que procura viver melhor.

Aos poucos, Mário percebeu de outro modo, no trânsito entre países, a abissal diferença de câmbio entre o real e a moeda venezuelana. Deu-se conta, ainda mais, do poder quase nulo de sua família para a manutenção da condição de vida apta ao consumo do essencial – o que impulsionou sua tomada de decisão. Tendo atravessado Santa Elena, a família de Mário fez da cidade gemelar, Pacaraima, apenas seu corredor de passagem. Em Boa Vista, o entrevistado acreditou que viveriam melhor. Ledo engano.

Não bastassem as dificuldades para chegar ao Brasil com mercadoria, Mário contou ter sido surpreendido pela investigação de crime pela polícia de Roraima. Segundo ele, a polícia teria entrado em sua residência sem mandado judicial. Ao creditar a mencionada ação da polícia à xenofobia, o entrevistado obteve ajuda de um religioso por meio de determinada *rede social*: "Venha para Dourados", disse-lhe. A força da humilhação, da vergonha e do descrédito impeliram Mário à interiorização na Região Centro-Oeste do país.

> Andei, andei, andei entregando currículo, mas tinha um detalhe que é toda a minha vida... Sou venezuelano e nada vai mudar isso. Já cheguei muito perto de preencher uma vaga de emprego, mas quando se davam conta de que sou um estrangeiro, falavam que não podiam me dar o emprego ou que já tinham preenchido a vaga. Que tristeza isso me dá... O nome que dou a isso é discriminação, xenofobia.
>
> Mário José Paradas

Mário contou que andou a pé por toda parte em busca de trabalho formal. Moveu-se de um lado para o outro com currículos debaixo do braço, mas a depreensão xenofóbica e discriminatória de sua nacionalidade lhe impingia a dor de ser preterido: "eu sou venezuelano e nada vai mudar isso", desabafou. Sempre em busca de novas esperanças para continuar perseguindo o trabalho formal, Mário não faz somente cadeiras de junco. Ele reforma, pinta, repara, além de fazer trabalhos de eletricista, encanador, servente e o que mais for necessário para ajudar na manutenção da família.

Estudos da Organização Internacional do Trabalho (OIT) demonstram que Mário não está sozinho. Os imigrantes venezuelanos trabalham por baixos ou baixíssimos salários, assim como em condições deterioradas. A Convenção nº 111 da OIT, ratificada e vigente no Brasil desde 1966, estabelece que é necessário combater as discriminações relacionadas à nacionalidade, a questões étnicas, de gênero e a crenças, entre outras. É central, entretanto, o combate à discriminação em razão de ocupação, de profissão, de emprego, de opinião política. Se há, contudo, enfrentamento à negação de emprego aos imigrantes, Mário ainda não sentiu os seus efeitos.

É do Ipea o estudo que identifica as principais atividades laborais dos que seguem o fluxo no êxodo venezuelano: o primeiro ofício mencionado é o de ambulante, que se tornou clássico da informalidade.[15] Mário se movia e, enquanto se movimentava de um lado para o outro, era ambulante; vendia, sonhava, vivia. Querendo superar a condição de ambulante, o narrador não foi bem recepcionado e sequer os seus direitos foram preservados para que concorresse em condições iguais no mercado de trabalho brasileiro. Atualmente, a contraditória ampliação do "contingente de trabalhadores e trabalhadoras em escala global" se instala enquanto "há uma redução imensa de empregos" ao redor do mundo.[16]

Mário contou que sentiu discriminação, por exemplo, de uma pessoa que olhava suas cadeiras para eventualmente comprá-las. Com desempregados e desalentados aos milhões no Brasil da atualidade, alguém achou de maneira inusitada que o venezuelano poderia se tornar seu concorrente. Mas concorrer de que forma? O preconceito instalado ensejou, pois, a criação de acusações pouco razoáveis. Por outro ângulo, existe concorrência até para ser mal incluído na massa brasileira de precarizados. Mário não conseguiu emprego com carteira assinada. Assim é a desventura não somente de venezuelanos, mas de *comunidades* inteiras de haitianos, angolanos e bolivianos, entre outros.

A revolta desses tempos ganha dimensões conforme se direciona aos imigrantes que experimentam carestia. Mário se recordou das palavras proferidas como expressão xenófoba: "[...] os estrangeiros estão tirando o nosso trabalho, o trabalho dos brasileiros". Por sua vez, Mário não deixou por menos e fez o que se esperava dele numa boa história: contestou, demonstrou estar vivo, disposto a envidar forças para não sucumbir. Mesmo Kioba, quando contratada por determinado restaurante, foi a primeira funcionária demitida no início da pandemia de covid-19. Não foi surpresa que a alternativa de corte entre trabalhadores do restaurante tenha sido Kioba – mulher, venezuelana.

Ainda que serviços aleatórios possam ser feitos, Mário ganha todos os dias um pouquinho para se arriscar na reedificação da vida. No entanto, o entrevistado não se dobra ao autoritarismo xenófobo que se arraiga no dia a dia. Ele não tem vontade de desistir. Ao final da entrevista, Mário aliviou o franzido da testa e, olhando para a câmera, sorriu matreiro. Seu sorriso não pôde esconder a situação a que são submetidos todos os dias aqueles que se fizeram imigrantes. Mário sonha em regressar para Valência, no estado de Carabobo. Mas não agora. Por enquanto, procura soltar o fardo do passado para percebê-lo como experiência. Enquanto isso, sonha e trabalha.

Notas

[1] Pergunta capaz de promover a reorganização mnemônica do entrevistado. Feita a pergunta de corte, procurei trabalhar com estímulos e provocações à memória de expressão oral.

[2] Ecléa Bosi, op. cit., 1994, p. 55.

[3] Samira Adel Osman, "História oral nas fronteiras de imigração e refúgio", em André Gattaz, José Carlos Sebe Bom Meihy e Leandro Seawright (orgs.), *História oral: a democracia das vozes*, São Paulo, Pontocom, 2019, pp. 308-9.

[4] Comissão Interamericana de Direitos Humanos, *Situação dos direitos humanos no Brasil: aprovado pela Comissão Interamericana de Direitos Humanos em 12 de fevereiro de 2021*, [s. l.], OEA, 2021, p. 94.

[5] Brasil, Instituto de Pesquisa Econômica Aplicada e Ministério da Economia, *Imigração Venezuela-Roraima: evolução, impactos e perspectivas*, Brasília, Ipea, 2021.

[6] Abdelmalek Sayad, *A imigração*, São Paulo, Edusp, 1998, p. 241.

[7] Referência ao samba composto por Niltinho Tristeza, Preto Jóia, Vicentinho e Jurandir para o Carnaval de 1989.

[8] Alusão à Michel de Certeau, *A invenção do cotidiano: artes de fazer*, Petrópolis, Vozes, 1998, p. 46.

[9] Abdelmalek Sayad, op. cit., p. 16.

[10] Ibid., p. 19.

[11] Alistair Thomson, "Histórias (co)movedoras: história oral e estudos de imigração", em *Revista Brasileira de História*, São Paulo, v. 22, n. 44, p. 358, 2002.

[12] Ibid., p. 358.

[13] Abdelmalek Sayad, op. cit., p. 14.

[14] Ricardo Antunes, *O privilégio da servidão: o novo proletariado de serviços na era digital*, São Paulo, Boitempo, 2018.

[15] Brasil, op. cit., 2021.

[16] Ricardo Antunes, op. cit., p. 25.

Merina Adelina Ramona

"Estamos aqui para defender nosso povo, nossa causa, nossa terra.
Eu quero pedir mais uma vez que o homem branco nos deixe viver em paz."

Cacique Raoni

ESPIRITUALIDADE

"A história oral permite-nos situar como partes de uma
experiência tecida em colaborações. Foi o que se procurou fazer
ao vivenciar 'escrivivências' submetidas à troca de paradigmas,
partindo de categorias locais, ao invés de outras, vindas de fora."

Márcia Mura

Cheguei, com uma equipe – estudantes, professores e pesquisadores, ao acampamento *Itay Ka'aguyrusu,* na Terra Indígena Panambi – Lagoa Rica, no município de Douradina, numa manhã de sábado. Sob o renascer do sol que coloria os liames entre a madrugada e o romper da aurora, o grupo musical indígena *Okaraguyje Taperendy* nos esperava com cantos, rezas e danças. Ouvi-o como pedia a ocasião, prestando a atenção aos rituais xamânicos e à sensibilidade da mística. O *Itay* constituía, pois, paisagem religiosa – rituais xamânicos coexistiam com uma capela luterana onde há muito não se fazem liturgias protestantes.

Entrevistei algumas lideranças que me contaram de reinvindicações em favor da demarcação de terras tradicionais.

Num primeiro momento, quando buscava compreender a dinâmica e a organização social naquele acampamento *Kaiowa*, entrevistei Joel Hamilton, liderança política do grupo. Ao término do dia, a experiência promissora e a acolhida aguçaram minha pretensão de retornar para a continuidade das gravações de memórias indígenas.

Transcorrido pouco tempo, retornei ao *Itay*. A partir da segunda visita, voltei com alguma frequência para acompanhar os ensaios do grupo musical e realizar pesquisas de história oral entre aquele grupo *Kaiowa*. Sem demora, considerei que o *Itay* é mais do que simples "palco de análises exóticas" ou de meros *atores sociais* encerrados no conceito da vítima, quer sejam *protagonistas* ou *coadjuvantes* teatrais. Os indígenas que entrevistei estavam distantes de pleitear a fala num palco em que se disputa espaço palmo a palmo; tampouco o *Itay* é lugar de seres humanos estigmatizados por preconcepções. São bem diferentes dos *"indígenas de papel"* próprios de escritos regulares ou mesmo dos indígenas tidos como "derrotados" em face do avanço da colonialidade.

A História viu emergir durante a década de 1990 a concepção de que os indígenas são *sujeitos históricos* e centrais à escrita. No *Itay*, compreende-se logo o porquê: eles assumem posição de quem conta, de quem sabe e de quem fala com singularidade de grupo. Com o raiar da Nova História Indígena, problematizaram-se, de maneira progressiva, os "múltiplos processos de interação entre suas sociedades e as populações que surgiram com a colonização europeia", conforme recordou Maria Regina Celestino de Almeida.[1] Tributária de novas perspectivas defendidas por John Monteiro, a nova forma de compreender os indígenas impulsionaria a reescrita científica de "páginas inteiras da história do país".[2]

Antes da publicação de *Os negros da terra* (1994), clássico de Monteiro, porém, Meihy – de outro lugar na produção do conhecimento – escreveu *Canto de Morte Kaiowá* (1991) e demonstrou que os povos indígenas falam, que não precisam da voz colonizadora para se exprimir.[3] Apesar disso, os indígenas quase nunca eram ouvidos para além das "fontes colonizadoras" ou caracterizadas pela busca de documentos enrijecidos pela grafia.[4] Durante as entrevistas de história oral com indígenas *Kaiowa*, ponderei sobre como, em outras palavras, a *cidadania de baixa densidade* de indígenas ainda é realidade a ser enfrentada na contramão da *situação colonial*.[5]

Não sem razão, a modalidade aplicada escuta grupos indígenas e valoriza a *verbalização* étnica que é sustentáculo da *tradição oral*: ou, como trazer os indígenas ao centro da narrativa se não é possível valorizá-los por meio das histórias que eles próprios ajudaram a produzir em *colaboração*? Há que entrevistá-los para saber. O *Itay* é lugar indígena. É terra indígena, mas, na perspectiva da memória, faz-se paisagem vívida; paisagem no sentido do encontro com a natureza (e com a gente da natureza), tão agredida na região.

Nessa direção, a "paisagem é cultura antes de ser natureza; um constructo da imaginação projetado sobre mata, água, rocha".[6] O *Itay* é lugar, então, de digressão na busca da existência tradicional e do território da memória original. Ainda que sob forte atração da paisagem, meus sentidos misturavam-se entre o amarelo e o vermelho dos enfeites indígenas. Chamavam a atenção a plenitude de rituais e as memórias de oralidade esparramada sobre superfícies das histórias, que mais pareciam artefatos narrativos.

Nos ecos dessa sonoridade, a voz de Merina, apesar de versar sobre a dor indígena, o renitente esbulho territorial e as graves violações sofridas por povos originários, soma-se às vozes tradicionais que pretendem superar a imagem do *indígena derrotado* – prostrado pelo projeto colonizador. Sem se render aos anseios desenvolvimentistas, é claro, Merina acredita que é possível continuar sendo *Kaiowa* cultivando espiritualidade no próprio lugar. A centralidade da natureza permite pensar em *história oral sustentável*, que faz da memória verbal uma narrativa do meio ambiente, do ecossistema e, portanto, de um "mundo mais verde".

Em história oral, a *sinestesia* – essa combinação entre sentidos variados e impressões diversas – não é incomum e se mostra no campo de pesquisa. Tendo realizado entrevista, a propósito da *sinestesia*, meus *ouvidos viram* o que meus *olhos ouviram*: Merina, sentada: enfeitada com adornos tradicionais, cantando. Estatura pequena, mãos de linhas sinuosas; mulher de passos decididos, mesmo que com ajuda de andador: rezou, invocou, repeliu o mal com as mãos. Foi

> Do caderno de campo:
>
> Qual seria a noção de "documento" para os povos indígenas? Será que estudar as comunidades étnicas atuais a partir de documentos – que possuem codificação grafada – é suficiente para conhecê-las? O que compreendi no campo de pesquisa é que a oralidade se faz central para os povos indígenas e estudá-los apenas por documentos escritos é uma forma de compreender representações da sociedade sobre eles, mas não as comunidades propriamente ditas.

possível perceber rápido que sua estatura espiritual era reconhecida pelos indígenas *Kaiowa* do acampamento. Ela, então, caminhou para o centro da *óga* como quem tinha aceitado o convite para falar em situação de entrevista.

Sábia do grupo e disposta a contar sua história, ninguém precisava dividir legitimidade acadêmica com ela ou dar-lhe conselhos alheios à própria cultura. Ela, autoridade terna e resolvida, demonstrou o forte encadeamento da mística na luta pela terra tradicional a partir da própria história. De forma semelhante, rememorou a trajetória de seu pai, Pa'i Chiquito, importante liderança da região contra a colonização de terras. A *comunidade Kaiowa*, coeva, imobilizava-se sob olhares cativos de adolescentes e crianças que, sentados ao redor de Merina, saudavam atentos ao seu modo de ensinar.

A interlocutora é guarani-falante e não é lusófona. Por isso a entrevista foi gravada em sua própria língua, o que se tornou possível com ajuda de uma intérprete e estudiosa das etnias *Kaiowa* e *Guarani*.[7] No lugar de realizar gravação orientada por perguntas diretas, feitas na língua do colonizador para a entrevistada responder na língua do colonizado, os estímulos à memória foram realizados com intervenção minimalista; com gestos, com objetos biográficos importantes para o grupo. A preferência foi pela escuta empática, valorizando a Palavra, os cantos ao longo da narrativa, as rezas e até o *silêncio de gente* que, entre sons de pássaros, às vezes calava fundo e se fazia ouvir.

Engana-se, entretanto, quem acha que a história é sobre uma *mística* ideal, passiva, docilizada. Ecos racistas sobre o que seria "indolência indígena" – produtos de relações coloniais, de preconceitos e da negação de direitos *comunitários* – podem se desfazer quando da leitura atenta da entrevista. Merina é mística no sentido de cultivar espiritualidade e porque é *rezadora*, fazendo-se combativa em prol da identidade étnica. Ademais, é mística porque tem *corpo místico*, espiritualidade viva, horizontal. No entanto, como Merina contou essa história? Como seria, para ela, colocar-se contrária ao esbulho territorial das terras indígenas?

Escolher uma história entre dezenas que ouvi em terras tradicionais e mesmo em *reservas indígenas* representou um desafio: com tantas convergências *comunitárias*, quem poderia falar por determinado grupo *Kaiowa*? Assim como ensinou João Pacheco de Oliveira, essa história transcende o modo único dos "não indígenas".[8] É imperioso que se fale, no caso específico de Merina, em oralidade próxima àquela das sociedades sem escrita (oralidade primária), o que confere outra organização para o aparelho cultural de memória.

Característica da memória indígena, a *fala* atende mais à dinâmica do retorno para pontos elementares. Se em entrevistas de história oral preza-se por narrativas espiraladas, repletas de vaivéns, tampouco a narradora esteve comprometida com molduras do progresso/do capital. Ela diz a cura, a forma de vencer espíritos destruidores e o invasor territorial; sua estilística, por assim dizer, está baseada na dicção plena e no ensino: Merina, na condição de mestra, conta a história que, em outra rítmica, dilui-se em lições sobre natureza e humano.

Está distante da lógica da *linha de produção*, do tempo sequencial. Seu modelo é da medicina tradicional, do trato com os xamãs, dos espíritos; ainda que com críticas agudas à exploração territorial de colonizadores, difere da temporalidade do migrante que quer transpor *fronteiras* ou da urgência do mundo consumerista. Em terra indígena só se pode falar do *ser coletivo* – porque, nela, a pessoa com pertença étnica está sempre cercada de membros do grupo, pelos espíritos acreditados, por sons que se misturam com o visual. Sua única alternativa é, pois, a oralidade e seu recurso é a memória – a *casa* das *comunidades* tradicionais.

HISTÓRIA 3 – *"ERA UMA LUTA GRANDIOSA PELO TERRITÓRIO SAGRADO"*

> *"Saí com meu pai e a minha mãe de um lugar para outro algumas vezes [...] Eles chegavam quando nós estávamos nos aquietando, sossegando! Nos empurravam de novo e sempre, sempre. Era uma luta grandiosa pelo território sagrado. E tudo com terror, pois os brancos não pediam licença, não eram gentis: eles atiravam nos indígenas, batiam, maltratavam. Agrediam! E era de um lugar para o outro lugar repetidas vezes. [...] Sempre foi à base da coronhada, de socos e pontapés. Truculência com a gente."*
>
> Merina Adelina Ramona

No tempo em que eu era criança havia muitos rezadores. Alguns rezadores, também chamados de xamãs, não ouviam somente a Palavra, que é *Nheẽ* na nossa língua, mas eles viam *Nheẽ*. Ou seja, eles viam a Palavra. Com os olhos deles era possível enxergar a Palavra que tocava em nós, na nossa alma: porque a Palavra é a lembrança e a lembrança se mostra na fala da gente.

O que a Palavra faz sentir? Os espíritos, a floresta que a gente lembra, mas não tem mais porque os brancos, que nós chamamos de *karaí*, destruíram quase tudo. Sabedoria, cura e possibilidade de a gente sobreviver mesmo desse jeito... Com nossas terras tomadas pelos brancos. Afinal, nós temos direito, como dizem vocês, à natureza? Claro. Temos que defender o que sobrou das florestas. Quando o xamã fala, a gente acredita, a gente confia no que ele diz, e muita coisa do que diz se realiza. Tudo se realiza. A gente cuidava de prestar atenção na Palavra. A história que vou contar é uma história de luta pelo território onde podemos viver bem, que chamamos, na nossa cultura e língua, de *Tekoha*. É uma história de luta pela natureza.

Porque o *Tekoha* não é só o lugar em que a gente habita e que foi reconquistado em partes pelos nossos líderes. A gente lembra do *Tekoha* e é claro que o *Tekoha* é um espaço, um lugar onde a gente planta, onde a gente caça e onde a gente vive. Mas eu posso te dizer hoje, nesta minha fala, o seguinte: existe um *Tekoha* nas lembranças do indígena: tem cor, tem sabor, tem cheiro, tem vida e tem até sangue dos nossos antepassados e as nossas placentas estão enterradas no seu chão. Existe uma natureza da memória da gente: ar mais fresco, mais pássaros, menos agrotóxicos que o agronegócio despeja na comida das pessoas. Os indígenas cuidavam bem das matas, mas os brancos acharam que poderiam arrancar tudo e que poderiam desmatar tudo.

Agora as mudanças climáticas são muitas e nós não convivemos mais com a paisagem de antes – que era uma paisagem de vida. Eu cresci muito bem. Os brancos não podem imaginar o que é crescer assim, na luta pelo *Tekoha*: sem o que eles chamam de remédio daquele que se compra. Porque tudo era e ainda é natural para nós. No *Tekoha* tem a cura, porque tem a sabedoria dos rezadores, porque tem o espírito da floresta, o bem viver. Mas nos expulsaram do *Tekoha* e nós tivemos que lutar por ele.

* * *

Nós somos parte da natureza. Como curar a natureza sem a natureza? Os xamãs diziam que no mundo tem muita doença, mas tem a proteção dos xamãs também! Não me quebrei quando era criança, por exemplo, porque era protegida de quebradura dos ossos. Veja meus ossos! Eles são todos iguais e sofrem apenas por causa da velhice: como você pode perceber eu já sou uma idosa, tenho 71 anos. Apesar do andador, não tenho maiores complicações.

Porque, sabe... eu seguia as palavras vistas pelos xamãs. Mas existe um choque... porque os meus filhos e as minhas filhas são diferentes, de outra cultura já. Eles já acreditam que é bom brincar bastante com brinquedo, que dizem que é melhor. Na minha época, como fazer? Era tudo a natureza! Esse jeito de brincar de agora não era dos indígenas de antes. Nós acreditávamos apenas nas rezas, nas danças, nas músicas: tudo era divertido e desde crianças nós aprendemos a brincar assim. Com pássaros, animais selvagens e aqueles que a gente criava na terra indígena.

Aqui a gente dança, canta, como você vê. Você vê? Eu vou cantar algumas vezes ao longo desta entrevista – nem todos os cânticos sagrados podem ser totalmente reproduzidos. Mas, ainda sobre os meus filhos... Será que eles acreditam mesmo, e sempre, na palavra que eu dou para eles? Pode ser. Fui acostumada a ouvir ao meu avô e a refletir... Ouvia ao meu pai, assim:

– A gente vai passar e vocês vão doer por dentro.

A morte dos nossos antepassados faz doer os nossos ossos e a vida não é brincadeira. Então, tudo é rezar agora, tudo é buscar no Sol – que é um xamã. O Sol em nossa língua e cultura se chama *Pa'i Kuara*...

A sabedoria para viver, o conhecimento para curar a dor de dentro, de fora, dos filhos e de todo mundo. Eu rezo, rezo. Eu canto. Quando criança, a diversão era a natureza, que os brancos foram tirando da gente. Hoje temos calor, muito mais calor! Em alguns lugares, tem frio, muito mais frio!

* * *

Eu tive um pai muito conhecido, muito respeitado na região do Panambizinho, aqui perto. E ao redor daqui também! Ele se chamava Pa'i Chiquito. Era um *hechakáry*: vou explicar: é um xamã que vê a palavra. *Hechakáry* nada mais é do que alguém que olha para a Palavra, que a vê e que tem nela a direção sagrada. A memória do meu pai é a memória de um sábio, de um velho sábio indígena.

Afinal, nós temos nossos próprios pensadores que fazem as coisas boas e que lutam até com aquilo que é sagrado. O meu pai era um xamã. Foi um líder reconhecido em todos os lugares pelos indígenas. Era famoso, falava bem. O meu pai orientava as pessoas que cresciam e viviam o *Tekoha*. Era marcante que Pa'i Chiquito tirasse a doença das pessoas! Vinham doentes e, às vezes, no mesmo dia voltavam curados através dele. E Pa'i Chiquito, meu pai, tirava as doenças das pessoas como se fosse com as suas próprias mãos, pois ele desfazia o trabalho que os seres destruidores – que sabemos existirem – realizavam.

O meu pai recebeu a missão de *Pa'i Kuara*, isto é, do Sol, do xamã Sol. O xamã Sol é o nosso irmão mais velho. Ele, o Sol, foi quem lhe deu essa missão de cuidar das pessoas, de suas vidas, de evitar as doenças, de desfazer o trabalho dos seres destruidores.

Os seres destruidores ajudaram os brancos a destruírem a natureza. Porque quem destrói é amigo dos destruidores e não existe outra forma de entender. Uma parte dos brancos se acha inteligente, estuda, constrói e faz tudo que significa "desenvolvimento" – como dizem, mas, se são tão bons, por que se juntam com os seres destruidores para serem destruidores e acabarem com o futuro do planeta? Tudo isso é muito triste e não parece ser algo muito sábio. Tem que pedir para o Sol a sabedoria, a iluminação, a luz. A gente sabe que o

Sol manda embora tudo o que não é bom e, quem sabe, assim, os brancos de hoje deixem as crianças de amanhã respirarem ar puro.

Mas a diversidade dos bichos, dos peixes, das espécies silvestres está se acabando. Nós sofremos porque assistimos que, no lugar do brilho, existe o ataque sobre nosso território, sobre os animais e sobre a "naturalidade dos alimentos". É triste porque o Sol não ilumina a lavoura envenenada. Lavoura envenenada é graças aos seres destruidores, porque dá doença nas próprias pessoas brancas.

Então, meu pai recebeu essa Palavra para que seguisse pelo caminho e compreendeu que esse caminho era bom. E ele seguiu. Porque é assim que os xamãs se orientam. Quando o meu pai recebeu a Palavra, ele disse para o *Ñande Ryke'y*, que significa "Nosso Irmão Mais Velho", o Sol, que ele não tinha canto. Então, o Sol, ou *Pa'i Kuara*, como queira, prontamente deu esse canto para ele! Assim ele se desenvolveu no canto e nas canções até chegar ao lugar onde o nosso irmão mais velho, *Pa'i Kuara*, está... Cheio de cantos, de cantos que brilham e de palavras que brilham; palavras reluzentes.

Eu também recebi meu nome do Pa'i Chiquito, que tinha no Sol a inspiração e a luz da sua vida. Afinal, sem Sol e sem Lua, como falar em iluminação da mente, do corpo e da luta pela terra do indígena? O significado do meu nome, em português, é o "Brilho da Flor do Colar" – deste colar que tenho e que estou te mostrando agora.

* * *

Eu recebi muita coisa do meu pai, de Pa'i Chiquito. Recebi o que ele recebeu e sei muito do que ele sabia. É algo espiritual da nossa tradição, do nosso jeito de ser. Na verdade, nós indígenas vivíamos antes em grandes famílias, em famílias extensas. No nosso *Tekoha* havia harmonia e os conflitos eram somente entre nós mesmos – coisa normal de todos os seres humanos, mas a reza nos trazia a paz.

Antes – com o Serviço de Proteção ao Índio (SPI) – eles achavam que poderiam controlar a gente. Com a Fundação Nacional do Índio, a Funai, ainda mais nesses tempos de agora, isso não é diferente. Apesar de a lei não ser coisa dos indígenas, porque os indígenas vivem com base nas suas lembranças e no seu jeito de ser, eu já ouvi falar das leis do Brasil que dizem que o *Kaiowa* e os outros indígenas podem ser do jeito que são há centenas de anos.

Então, se não respeitam a gente que é diferente deles, por que não respeitam a lei que eles próprios criaram? Deixa o indígena ser indígena, no lugarzinho dele, que, com certeza e com a ajuda do Sol, a natureza vai ficar bem protegida dos seres destruidores.

Existem os seres que promovem doenças. Esses seres são horrendos, eles plantam a doença no corpo, assim como promovem a destruição. São como o fogo! O fogo você faz, mas depois pega em tudo; ele é incontrolável e é forte. Porque é forte, ele começa a jogar uma fumaça para todo lado. A fumaça não é tão boa, porque ela irrita o nariz. O fogo pode queimar! Ele pode machucar. Ele pode nos ferir, dói. Os seres espirituais destruidores têm o poder do fogo. Quando aparecem as pestes e as coisas que os brancos não entendem e que tomam remédio daquele que se compra, parece que o mundo inteiro vai acabar em fogo. As queimadas também são tristes.

O *Kaiowa* que reza entende como uma luta natural contra os seres destruidores. O nosso entendimento diz que tudo é pelo natural da vida. Para isso tem que ter a Palavra e tem que ver, sentir, ouvir... tem que ter uma maneira de enfrentar as pestes, as doenças com rezas e naquilo que a gente acredita de *Pa'i Kuara*.

Trazem as crianças brancas aqui. Eu rezo e explico que não pode destruir a natureza, que não pode comer qualquer coisa. Explico que é melhor comer os vegetais e menos os animais, mas a gente percebe que eles não querem mudar o jeito que vivem. Eles querem mudar, então, o nosso jeito e nós apenas queremos que o mundo natural e os animais continuem existindo livremente.

* * *

Uma espécie de receita que nosso povo *Kaiowa* tem é a de enfrentar a doença: se colocar diante da doença, não fugir da doença. Isto é, não prostrar. Ficar de cara com ela! Ter posição guerreira diante da realidade da doença. É como os brancos falam: "abençoar" as pessoas. Mas na nossa cultura é algo ainda mais forte do que simplesmente "abençoar". Eu faço isso! Eu canto os cânticos e faço ao longo desta entrevista para mostrar como se trata a doença. Ficou doente? Nada melhor do que um canto para os nossos irmãos mais velhos, o Sol e a Lua.

E como o *Kaiowa* trata a doença? Esfriando... A gente esfria a doença! Porque a doença é um estado quente do corpo. Quando trato a doença, eu esfrio a pessoa e, portanto, canto: "Eu esfrio, eu esfrio." Mais ou menos assim, vou dizer novamente: "Eu te esfrio, eu te esfrio!" Vamos pensar na testa quente: a testa quente é perigosa... existe perigo naquilo que esquenta o corpo, naquilo que adoece o corpo. Quer dizer, se uma pessoa está quente... se está fervendo, se está morrendo de tanto ardor... eu coloco um cântico como se fosse uma esponja de água fria dos nossos antigos rios para esfriar aquele corpo.

Nem sempre dá certo, porque a morte não deixa de ser realidade para todos, mas não abaixamos a cabeça para a doença; não deixamos nem o branco, que vai até o indígena para buscar ajuda, morrer de tanta quentura no corpo. A natureza também arde, queimando com fogo destruidor das queimadas aqui na nossa região. Os brancos ficam correndo para lá e para cá. Querem apagar o fogo que eles mesmos criaram: ou porque acenderam o fogo com as próprias mãos ou porque desmataram. Aquela floresta, com as borboletas do Panambi, com os animais. Às vezes vemos as memórias em nossa frente, mas na maioria das vezes só existe na lembrança da gente.

* * *

A gente lembra porque as lembranças são trazidas pelo *Pa'i Kuara*, que é o Sol. O Sol vai arder com o brilho as lembranças; elas aparecem, mas são as mesmas de antes. Funciona assim: a gente lembra dos antepassados, dos xamãs, das histórias, mas, depois, parece que uma nova lembrança é formada em uma mais antiga. É como se dentro da lembrança a gente pudesse tirar uma outra, mais iluminada pelo Sol; uma lembrança na outra, e, assim, a gente vai vivendo daquilo que nos dá forças. A gente lembra sempre junto, assim como vocês: tem os xamãs, os caciques, tem as mulheres que tocam o *takuapu*, que é um instrumento de bambu; as crianças e os homens que tocam *mbaraka*, que é como que um chocalho.

O jeito com que as mulheres tocam o *takuapu* e os homens tocam o *mbaraka* já marca a nossa lembrança dos sons, das rezas. A reza do rezador não é só dele, mas dos seus antepassados, dos chamados *hechakáry*, que, como expliquei antes, veem a Palavra; alguém recebe, mas alguém herda essa reza – como foi com *Pa'i Chiquito* e comigo. Mas, quando o indígena fala, ele fala dele: eu rezo, eu curo, eu danço, eu toco *takuapu*, eu toco *mbaraka*! É verdade que a gente se defende contando histórias do povo da gente, mas eu existo porque consigo me lembrar e conto histórias minhas mesmas.

As lembranças do *Tekoha* são tão fortes que, quando o indígena não consegue estar nele, luta por ele porque lembra dele: do lugar em que pescava, em que caçava, em que rezava; entrar na reserva indígena, contam, é ter vontade de estar no *Tekoha* para sempre. Os indígenas que estão nas reservas têm saudades do *Tekoha*.

Por isso, Pa'i Chiquito nunca se rendeu na luta pelo Panambizinho e nunca aceitou que fôssemos para a Reserva Indígena de Dourados. Tem algo de guerreiro nos *Kaiowa* que não se renderam à forma como os brancos quiseram nos destruir.

São tantas lembranças. Quando eu abro uma lembrança em mim, existe outra lá dentro – todas são como águas do que na nossa língua é o *Nheẽ*, que é a Palavra da alma. Algumas são lembranças felizes, sim. Outras nem tanto. Tem muito sofrimento na gente... Então, lembro do tempo bem feliz com o meu pai e com a minha mãe! Eu posso falar com certeza que nós vivíamos todos sãos, pois não existia tanta doença! Não tinha essa preocupação com a doença que mata tanto o corpo da nossa gente. Os xamãs nos protegiam, não é? Papai e mamãe também cuidavam de nós.

A outra coisa boa que lembro é da fartura que nós tínhamos. Eu dei nome, então, para algumas plantas da minha maneira, do meu jeito! Dava nome para as diversas plantas, porque quando a gente dá nome, parece que é parte da gente, não é? Sou capaz de dar nomes aos diversos tipos de abóboras, de mandiocas, de batatas – na língua *Kaiowa*. Também tinha caça que a gente chamava de "nossa caça!". Porque o Sol nos dá a habilidade para pescar, para caçar, para viver livremente no *Tekoha*. Naquele tempo os brancos não tinham destruído quase toda a floresta ainda com os movimentos colonizadores da região.

Outra coisa boa é esse tempo de esperar... esperar... porque o tempo da gente, que é indígena, é diferente do tempo dos brancos: a nossa memória é a memória das plantas que demoram para crescer. As plantas têm um tempo certo para nascer e crescer. Agora, o branco está preocupado com dinheiro, embora nem todos: então ele envenena as plantas e mata os outros porque quer ganhar mais e mais dinheiro. Depois de plantar, a plantinha vai crescendo e aquela expectativa acontece! O tempo passa até quando o fruto chega... até quando as plantas produzem frutos maduros! Tudo tem tempo pra ficar maduro.

A vida também demora para amadurecer: é como uma raiz, uma mandioca que se planta. Lembro disso como um tempo bom! Falo às vezes que hoje o pessoal mais jovem parece que não acredita mais nisso: no mundo natural. Como se isso não pudesse dar alegria! Fico assim... em dúvida! Fico em crise, porque as pessoas que não entendem nada do Sol e que não conhecem nada do que fez Pa'i Chiquito falam que eu não sei e que o que eu estou fazendo não é verdadeiro. Mas o dinheiro não é um xamã pra nós, nem pra nossa cultura. Quando o indígena planta, planta conforme a natureza ensina pra gente. Ele não força a terra.

* * *

Nós começamos a passar uma situação ruim antigamente. A gente teve que lutar mais pelo *Tekoha* do que na época dos nossos avós, e meu pai sentiu na pele a luta pelo *Tekoha*. A gente começou, então, a experimentar uma tristeza enorme com a chegada da Colônia, da Colônia Nacional Agrícola de Dourados (Cand), feita pelo *karaí* Getúlio Vargas. Meu pai sempre dizia essas coisas... O Getúlio Vargas falava muito contra os *comunistas* na época! Ouvia falar muito de *comunistas, comunistas, comunistas...* que o Getúlio Vargas não gostava dos *comunistas*.

Mas os indígenas não são *"os comunistas"* e, mesmo assim, Getúlio queria lutar contra os indígenas da mesma forma. Para nós – vou falar bem a verdade! – não tem Getúlio, nem soldado de Getúlio, nem *comunistas*. É tudo branco! Getúlio e os outros, todos são brancos e de alguma forma os indígenas têm que se defender sempre.

E o que nós fizemos? O Pa'i Chiquito lutou muito contra os brancos que queriam tomar o lugar de plantar, de curar, de rezar – o *Tekoha*. Era algo real. A gente ouvia que o *comunista* iria chegar ou, do outro lado, que o Getúlio iria chegar pra tomar! Não importa a forma de pensar, o homem branco sempre queria tomar da gente. Na época do Getúlio todo mundo começou a falar mal do *comunismo*, e os indígenas aprenderam a falar mal do *comunismo* com os brancos.

Mas o Getúlio era melhor? Não! O Getúlio fez mal pra gente, mas diziam que os *comunistas* iriam trazer muita destruição para o indígena: que iriam matar o indígena. Só que eu acho que o Getúlio matou mais os indígenas do que os *comunistas*, porque nunca vi os *comunistas* por aqui... Talvez meu pai tenha visto, não sei.

Tem outra coisa que vou te falar. Tudo o que vinha de ruim era de São Paulo – apesar de que o Getúlio era do Sul! –, desde muito tempo quando eu não era nascida e nem Pa'i Chiquito. Os que vinham pra cima da gente eram de São Paulo. Dizem que escravizaram, que roubaram as terras, que fizeram grandes viagens. Os homens do Getúlio Vargas invadiam as terras.

Nesse tempo de ataques não existia alegria. Pelo contrário, havia muita discórdia entre as pessoas. Tinha muitas coisas ruins nos sentimentos da gente: a gente começou a não pensar mais só no *Tekoha*, mas tinha que defender o *Tekoha* e ainda pensar em coisas novas, como o Getúlio, que falava do que era nacional – do brasileiro mesmo! – e dos *comunistas,* que queriam destruir o caraguatá e o ananás. Mas os *comunistas* eu nunca vi e, se existiram, não fizeram mal para nós.

* * *

Eu vivi muitos despejos!

Fomos expulsos muitas vezes. Aconteceu o espalhamento, que é o *sarambipa*, na nossa língua. Vivemos situações em que fomos empurrados. Tirados de forma, como posso dizer? Forçada! Era uma maneira de mudança forçada com a gente!

Saí com meu pai e a minha mãe de um lugar para outro algumas vezes. Não foi uma única vez que tivemos de nos mudar porque éramos acossados pelos brancos. Eu conheço bastante a região, porque morei em vários lugares do Panambizinho, do Laranja Doce (que para nós é Laranja Azeda). Eles chegavam quando nós estávamos nos aquietando, sossegando! Nos empurravam de novo e sempre, sempre. Era uma luta grandiosa pelo território sagrado. E tudo com terror, pois os brancos não pediam licença, não eram gentis: eles atiravam nos indígenas, batiam, maltratavam. Agrediam! E era de um lugar para o outro lugar repetidas vezes. Pense se é possível viver assim... Não é possível. Sempre foi à base da coronhada, de socos e pontapés. Truculência com a gente.

Meu pai, que era Pa'i Chiquito, lutou tanto pelo Panambizinho: desde os anos de 1920 o Panambizinho foi campo de luta pra nós. Foi tudo culpa da colonização, dos brancos que são ruins com os indígenas! Essa Colônia interferiu na nossa vida, no nosso ambiente e até na nossa tristeza. Porque ficamos tristes! Foi forte, foi ruim. Essa Colônia... Pa'i Chiquito falou que alguns indígenas da etnia *Kaiowa* iriam manter a tradição e os costumes; mas outros não iriam acreditar mais... iriam ficar fracos. Alguns *Kaiowa* ficariam doentes porque não acreditariam mais no rezador e nas festas tradicionais, na rezadora, que na nossa língua é *Ñandesy*; no xamã Sol e na Lua, que é *Jacy*.

Só que o meu pai disse que viriam indígenas aguerridos, fortes e corajosos como no passado! E até mesmo alguns poucos brancos que lutariam a nossa luta pelo território que é nosso, que sempre foi nosso: pra plantar, pra colher, pra chorar a nossa dor e a nossa luta. Alguns brancos acham bom o que fazemos, mas outros querem o nosso fim mesmo... quero dizer, querem a nossa morte e fim como povo, extinção. Não quero dizer que somos fracos, que somos sempre bonzinhos como povo. Longe de dizer que nunca reagimos a isso ou que somente assistimos o que aconteceu: quem pensa assim está errado.

* * *

Sobre mim... Posso dizer que eu curo!

Eu curo. Ajudo no tratamento de doenças. São várias doenças que deixam as pessoas muito ruins. Conheço as plantas e as ervas medicinais; às vezes falo para o Zezinho, meu filho, que busque no mato as plantas que indico. Porque nós temos o direito de ser quem nós somos e de curar quem queremos curar. Conheço quase tudo de cura. Um pouco menos que o meu pai, claro... O Pa'i Chiquito, meu pai, sabia muitos segredos porque ele recebeu a mensagem direta do Sol. Sei menos do que Pa'i Chiquito, mas mais do que geralmente se conhece.

Não sei tratar com o remédio dos não indígenas, porque não aprendi! A maneira que curo é com as palavras, assim como Pa'i Chiquito. Usando a casca das plantas, a água das plantas quando se ferve... deixo de repouso! Mas uso a raiz... uso o que é necessário! É assim que eu trato. Muita gente vem aqui para receber a cura e para afastar os espíritos destruidores.

Com a destruição das árvores e da natureza, está cada vez mais difícil encontrar as plantas de que preciso para curar os indígenas e até os filhos dos desmatadores, porque não tenho ódio dentro de mim. Sou guerreira, tenho esse jeitinho de falar e fazer as coisas... mas ninguém se engane, porque, quando se trata de defender a natureza, eu afasto com reza todo o mal. Sou guerreira do meu jeito.

Vou te contar um sonho. Não é mais um segredo! No passado, o sonho da minha vida e tenho isso nas lembranças... era o de conhecer o segredo da saúde. E eu alcancei isso! Eu acho que tenho esse sonho realizado... porque sei dar o remédio para as mulheres, o remédio para os homens, para as crianças... e sei usar as plantas medicinais, que são muitas e de variadas espécies do mato. *Kaiowa* gosta de tudo o que é mato mesmo! É interessante que, apesar de ser um conhecimento para usar com o meu povo, eu mesma me sinto bem realizando esse sonho de adolescente e usando a sabedoria até com os brancos.

Outro sonho que eu tinha... queria viver o tempo que a minha mãe viveu! A minha mãe morreu. Morreu feito uma criança! Envolta em tanto amor dos indígenas e da família. Mas não tinha doença. Nunca a vi doente. Fico aqui pensando sobre quem cura com mais força: se são os indígenas com seus recursos ou os brancos com os seus recursos? Parece que o remédio dos indígenas é bom. Minha mãe morreu com mais de 100 anos. E eu, agora, me pergunto: será que vou alcançar essa idade? Será que vou viver todo esse tempo que a minha mãe viveu? Para isso, tomei todos os cuidados ao longo da vida e rezo.

A minha mãe viveu numa rede em sua velhice, cheia de felicidade. Ela não tinha doença. Ela viveu na simplicidade. Tinha uma qualidade indígena no jeito de viver. É o *Teko*, o bem viver do indígena. E ela não tinha nenhuma doença! Se alguém quiser conversar comigo e aprender o que eu falo, é assim... logo vai entender que a história dos *Kaiowa* começa aqui e termina lá no meio da outra terra! No outro lugar, onde moram os seres espirituais, os donos de tudo daqui.

Um sonho que eu tenho... ou melhor, uma pergunta que eu me faço sempre e que me inquieta de alguma forma é: tudo isso que eu sei... o canto do *Pa'i Kuara*, o canto de *Jacy*, o canto de *Ára Noe* – que, na nossa cultura, é o cântico ao Grande Vento. Todos os cantos para a cura – são muitos – com quem toda essa sabedoria da minha lembrança vai ficar? Quem vai herdar de mim aquilo que em partes herdei de Pa'i Chiquito? Porque eu não tenho riquezas, não tenho muita coisa e a nossa vida inteira, desde a infância com o pai e a mãe, foi em busca da luta pelo *Tekoha*. Mas o que importa, neste momento, é saber com quem vai ficar toda a lembrança indígena que habita em mim por meio da Palavra.

Tenho muita estima em meu filho Zezinho. Ele sabe muitas coisas que vêm de mim e que vêm de Pa'i Chiquito, mas, ainda assim, a preocupação persiste: porque a lembrança do indígena é a lembrança dele mesmo. Ele tem um povo que sustenta essa lembrança, mas ele fala dele, de si. Quando um indígena conta uma história... a história acontece ao redor do corpo daquele *Kaiowa* sob o cuidado e a iluminação do xamã Sol. Mas quem será que vai querer a nossa lembrança?

* * *

Para nós que somos da etnia *Kaiowa*, um dos temas principais é a Tempestade. A Tempestade é criada pelos seres destruidores, mas também pelo que o ser humano provoca desequilíbrio no clima, na natureza. Então... em suas casas vocês também podem fazer isso! Para se livrar da Tempestade, a gente tem que aprender a música e fazer esse gesto com as mãos. Veja como estou fazendo agora! Porque lá, onde vocês moram, é possível fazer esse gesto com as mãos para afastar a Tempestade. E a Tempestade é o inesperado da vida, mas, apesar disso, até o inesperado dá sinais. Os sinais da vida vêm sempre, seja pela dor que sentimos ou pelas dificuldades que passamos.

A gente tem que aprender as canções que afastam a Tempestade e gesticular para livrar a todos da ventania que não para – que é, como a gente sabe, a presença do próprio mal. Porque essa tempestade tira a flor da gente, a beleza... ela tira o encanto, ela faz a gente ficar sem crença; a flor é o símbolo do ser, do existir. A gente tem um jeito de falar que significa tirar a flor que nos dá vida, virtude e beleza. Você "descria" quando a flor é tirada. Existe uma música para afastar a Tempestade.

Essa música é muito longa e eu quero ensiná-la para os *karaí* um dia, mas precisa ter respiração muito profunda para poder cantar essa canção. Se tiver respiração curtinha, não consegue cantar toda a canção para preservar a flor da vida contra a Tempestade, contra o mal. Eu gostaria de ficar de pé para cantar e dançar, mas, agora, aos 71 anos de idade, consigo apenas cantar sentada, pois caminho com a ajuda do andador e dependo desta cadeira para me locomover.

* * *

Quando chegaram os brancos para tomar tudo da gente, Pa'i Chiquito, na verdade, não tinha os meios para enfrentar esses homens, porque ele não tinha as mesmas armas dos *karaí*. Tinha apenas arcos e flechas, mas não tinha arma de pólvora. Então, ele perguntou para *Pa'i Kuara*, isto é, para o Sol:

– O que eu devo fazer?

E *Pa'i Kuara* ensinou para ele esse canto... um canto muito belo. E com esse canto ele luta pelo *Tekoha*, mas se impressiona com tantos não indígenas que estavam chegando; enfrenta os *karaí* com esse canto. De certa maneira, ilumina esses não indígenas! Esse canto tem o poder de delimitar o ingresso dos não indígenas em nosso território.

Por meio deste canto, o Pa'i Chiquito disse para eles: "Fiquem onde estão". Depois disso, Pa'i Chiquito passou à frente dessa orientação e buscou a revelação contra os brancos invasores. Quando veio a colonização das nossas terras – das terras dos indígenas – na época de Getúlio Vargas e depois, muitos queriam acabar com os indígenas, e diziam que as terras da nossa região estavam vazias, estavam como se nelas não morasse ninguém.

As terras vazias não eram vazias para nós, pois eram, na verdade, nelas que estava o nosso *Tekoha*. Mas eles falavam com maldade que era um vazio a região chamada de Centro-Oeste, do antigo Mato Grosso; por causa disso, as terras poderiam ser tomadas, habitadas, colonizadas. Estávamos, então, nós, só nós, os indígenas mesmos, diante do inimigo armado, com raiva e com vontade de ganhar dinheiro fazendo plantações diferentes. Você sabia que o apego ao dinheiro faz mal? Que o dinheiro faz o branco ficar doente de tanta vontade de ganhar mais, mais e mais? Para isso precisam de terra!

O indígena planta para comer e para alimentar as crianças, mas os não indígenas plantam para explorar a natureza, para explorar a terra. Os *karaí* fazem produção para explorar. Os indígenas preservam a natureza. Eu cantei para você ouvir como se expulsava espiritualmente os brancos que invadiram o território *Kaiowa*. O cântico que acabei de entoar diz: "Eu enfrento". Os *Kaiowa* enfrentam de diversas maneiras as muitas dificuldades.

Então, uma maneira é a de enfrentar com o canto. Vem o branco com o rosto desfigurado para tomar o que é do indígena e o canto diz: "Eu enfrento, eu enfrento". Indígena não abaixa a cabeça, mas luta pelo *Tekoha*, que é a nossa verdadeira casa. Isto é, o povo indígena cantava com o Pa'i Chiquito: "Eu te enfrento, eu te enfrento". Daí o canto que cantei vai dizendo de várias maneiras como é esse "enfrentar".

* * *

Uma das coisas que ficou muito claro para Pa'i Chiquito é que existe uma diferença de origem entre as pessoas; desde o começo os indígenas são feitos de materiais diferentes dos *karaí*. Quando os *karaí* insistem em tomar o que é nosso e em desfazer o *Tekoha* das nossas lembranças, sabemos que uma das fortes razões é que existe, sim, como eu disse, uma enorme diferença.

Porque os *Kaiowa* são feitos da Terra e os *karaí* são feitos de cinzas! Na verdade, toda vez em que a gente faz fogo e o fogo arde nos nossos olhos, a gente está se lembrando da origem dos brancos, porque são feitos das cinzas. Ver o fogo reduzir algo às cinzas é se lembrar de que os *karaí* são vindos das cinzas, que é alguma coisa que foi mudada e que ficou na cinza.

* * *

As lembranças dos *Kaiowa* estão nas muitas lembranças da Terra, e o chão de Terra que piso agora faz de novo a gente lembrar o *Tekoha* que a gente tem aqui no *Itay* e o que a gente tinha. No *Tekoha* a gente vive. Isto é, a Terra nos faz lembrar um espaço de amizade, de produção da natureza e de relacionamento com os outros seres vivos. A gente caçava, sim. E a gente pescava também! Claro que a gente respeitava o ciclo da Terra durante o plantio. A gente plantava com sentimento dentro do peito! Só que o respeito era enorme, mesmo por aquilo que era a nossa caça e que o Nosso Pai, *Ñande Ru*, como dizemos em *Kaiowa*, deixou para ser o nosso alimento. Mas, quando vem o fogo, precisa ficar atento: porque vem também a fogueira. Vem o que consome. Vem o que reduz a quase nada.

Porque toda a Terra era do indígena, mas veio o branco e acabou com tudo. Muitos indígenas agora vivem em espaços pequenininhos, apertadinhos. Vem o que produziu a Reserva Indígena e nos matou, matou nossos parentes, matou os nossos amigos. As lembranças mudam porque os indígenas passaram a ser uma ideia daquele *Kaiowa* que teve que ficar sem se queimar no meio do fogo do branco. E o próprio branco – que é feito das cinzas – que trouxe o fogo e o incêndio para nós. O não indígena não é, como a gente sabe, o fogo, e não tem poder de fogo, porque nós fazemos o fogo e lembramos das cinzas.

* * *

Como já disse, o meu pai, Pa'i Chiquito, via a Palavra do Sol. E o que dizia o Sol?

Ele dizia:

– O pessoal que não é indígena, os *karaí*, vão entrar no território de vocês, vão destruir o significado das lembranças e do território e vai haver uma grande violência.

Não foi somente isso, mas *Pa'i Kuara*, o Sol, disse, ainda:

– Você tem que defender ao lado do seu povo o território e a grande família indígena de sua comunidade, porque você é o Pa'i Chiquito e tem de defender o território, o *Tekoha*... Vai haver muita violência, vai haver espalhamento e despejo, além de muitos vícios que vão entrar na vida dos indígenas: esse é o início da luta pela terra sob sua liderança.

Era uma visão do futuro. Hoje as aldeias estão cheias de desgraças, de mortes, de vícios, de perdas... Onde estão as coisas tradicionais? Aqui dentro, na mente, nas imagens, nos cantos; na Palavra.

Nas muitas aparições de *Pa'i Kuara* a Pa'i Chiquito, foi dito o seguinte:

– Você tem que cantar os próprios cantos tradicionais que eu te dou, os cantos culturais para vencer o não indígena, porque vai acontecer muita violência; porque os brancos vão despejando e os indígenas vão saindo de seus territórios e haverá uma grande luta pelo território de vocês.

Então, o Pa'i Chiquito compreendeu que a luta pela moradia dos indígenas seria grande e levantou um grupo da comunidade para cantar os rituais da cultura e para que o pessoal não entrasse. Houve uma grande defesa do território indígena com muita força e bravura de Pa'i Chiquito contra todos os de língua portuguesa. Mas sempre cantando e nunca com a maior brutalidade que era como a dos não indígenas. Os *Kaiowa* são um povo de música, de cânticos e de Palavra, e não de armas que matam o corpo. Esse canto a que me refiro é aquele que se canta para o nosso grande *Pa'i Kuara*, o Sol.

Porque o Sol ouve todos os seres humanos, os animais e o mundo. Ele é o dono do mundo, das etnias *Kaiowa* e *Guarani*; dos brancos. Assim, quando se canta essa canção, o Sol agradece muito aos que estavam emocionados cantando para ele. O canto para *Pa'i Kuara* é uma grande defesa contra os não indígenas que quiseram investir sobre as nossas terras. Vou explicar uma coisa que está nos cânticos para *Pa'i Kuara*: o Sol brilha com a sua luz e, porque ele sempre nasce no dia seguinte logo cedo, dá a vida... Nós não poderíamos viver sem luz, não é? Só que o Sol pode também colocar um fim na vida humana porque todo o poder é dele.

Quando a gente canta o cântico do *Pa'i Kuara*, acontece algo da nossa crença tradicional: o Sol tem poderes que destroem também. Um dia eu falei para um não indígena que na nossa crença a gente não separa tanto uma coisa que é boa sempre de uma coisa que é má sempre; ao contrário disso, a gente acha que o Sol garante a vida, mas envia os poderes como se fossem animais soltos, e ele pode acabar com a vida humana do *Kaiowa* e do branco.

* * *

Nosso Pai e nosso irmão mais velho, *Pa'i Kuara*, convocou as mulheres para fazer os colares, os enfeites, os artesanatos. Ele deu para elas o jeito para fazer os artesanatos. As mulheres que fazem colares e enfeites são bem-vistas por *Pa'i Kuara*, mas as que não fazem é porque não acreditam tanto. Elas são cuidadas por Nosso Pai, *Ñande Ru*, as mulheres que usam as mãos para os enfeites do corpo. Elas pegam as sementes, como estou mostrando para você agora. Elas furam as sementes e fazem uma obra de arte que deixa o Sol se sentindo muito bem.

Jacy chamou a gente para mostrar como é bonito o artesanato feito pelas mulheres. Na presença da natureza que está em *Pa'i Kuara* e *Jacy* é que se faz o colar. E o colar revela a natureza. Quando se destrói a natureza, o mundo fica sem enfeite, feio, sem graça e sem a luz do Sol. Que graça teria viver em um mundo de pedra, sem árvores, pássaros e animais? Estamos quase sem graça!

É assim, olhe para as minhas mãos: primeiro se fura a semente com a agulha, mas não sem fazer o ritual para pedir coisas boas para o Sol. Estas sementes que tenho em minhas mãos e com as quais faço agora um artesanato para você filmar são do bem, porque são essas que vão para o colar que enfeita os meninos, que enfeita o corpo. Todo aquele que usar o colar será protegido pelas forças espirituais e naturais do bem.

* * *

Esses colares são bem-vistos pelo Sol. Por eles é possível cantar com mais vigor, com a força da nossa vida e, assim, dedicar cânticos para *Pa'i Kuara*. Esse colar é muito bom e sagrado para os nossos rituais *Kaiowa*. Há muitos indígenas e, principalmente, os da aldeia... que não valorizam essa relação com a semente, a relação com o enfeite e que não creem mais que elas protegem as pessoas. Eles não veem mais tanta beleza na vida. Então o problema não é só dos não indígenas que não acreditam, mas dos indígenas que não acreditam mais. Lembro dos não indígenas que vêm visitar aqui, o *Itay*, e veem valor nisso que faço com as minhas mãos...

Digo, sobre os indígenas... aqui, dentro dos meus pensamentos: não faz mal! Vou mostrar para essas pessoas da cidade que, assim como muitos *Kaiowa* têm uma boa origem e sabem valorizar essas coisas, nós todos podemos. Continuo fazendo o meu artesanato como se fosse jovenzinha. As roupas dos indígenas *Kaiowa* para os rituais são feitas de algodão.

Essas roupas são tradicionais, são nossas. Fazemos com algodão tradicionalmente, o que não tem sido muito valorizado pelos novos *Kaiowa*. Trata-se de um costume que não está mais sendo praticado para fazer as roupas verdadeiras e apropriadas para rituais *Kaiowa*. Por curiosidade, olhe esta semente nas minhas mãos: quando está verde, fica boa para furar, mas quando fica preta, assim, como agora, fica dura para furar e para passar a agulha.

Por isso, aproveito para tratar delas quando estão bem verdinhas, pois assim elas ficam bem molinhas. Dessa forma devem ser os jovens, pois quando estão verdes, são bons para mexer, mas, depois que ficam rígidos e duros, não permitem mais os conselhos e as orientações daqueles que rezam e que protegem os territórios dos *Kaiowa*.

MEMÓRIA COMO RITUAL DE LUTA

"É preciso aprofundar a compreensão específica sobre a presença indígena em cada um dos contextos históricos [...] buscando estabelecer como aí funcionou efetivamente um regime de memória, associando ações, narrativas e personagens, e lhes integrando em formas de construção de significados."

João Pacheco de Oliveira

A *memória indígena*, por lógico, não é a mesma inspirada pelo conhecimento de feições europeias. Sua *fala* se distancia das histórias com sequências previsíveis, desenhadas pelo tempo cronológico da modernidade progressista ou das divindades gregas e de *Cronos*. Com isso, a *memória indígena* põe em crise as análises perspectivadas por teorias convencionais. Seu saber, fugidio a "conceitos duros", transpõe o domínio do escrito. Ainda mais voláteis e prontas às retomadas narrativas, as *histórias indígenas* são contadas a partir do *Eu*, marcando diferença em relação à sociedade denominada branca, *karaí*. A temporalidade da *memória indígena* é, como na história contada por Merina, a cadência da cura que afasta a Tempestade e é a temperatura dos xamãs.

A Palavra *Kaiowa* não prescinde do *ritual*, portanto. Deise Lucy Oliveira Montardo ensinou, a partir da antropologia da música, sobre a relação entre cantos, danças e xamanismo no caso de indígenas guarani-falantes. Há um *rito* de vida da narradora; *ritual* de cura, de afastar espíritos destruidores e de defender a natureza. Não seria a Palavra indígena, *Nheẽ*, o próprio ritual da *memória* étnica? Dada a proximidade entre os povos *Kaiowa* e *Guarani*, ainda que preservando diferenças, percebe-se que o *ritual* está relacionado de maneira incontornável à *luta*: "A guerra é uma luta contra espíritos de doenças."[9] O denominado *jeroky* é, por suas peculiaridades, *ritual* de cantos, danças e rezas realizado todos os dias pelos povos guarani-falantes.

Porque quando uma indígena fala ou canta, sendo mulher, anciã, rezadora e líder tradicional, sua Palavra é mostra da etnia que tem na memória o espaço fundamental da preservação das histórias: assim como os *Guarani*, que "cantam para lembrar", os *Kaiowa*

> São tantas lembranças. Quando eu abro uma lembrança em mim, existe outra lá dentro – todas são como águas do que nossa língua é *Nheẽ*, que é a Palavra da alma [...]. Quando um indígena conta uma história... a história acontece ao redor do corpo daquele *Kaiowa* sob o cuidado e a iluminação do xamã Sol. Mas quem será que vai querer a nossa lembrança?
>
> Merina Adelina Ramona

cantam porque lembram.[10] *A memória indígena* tem no espaço o modelo de organização das lembranças conforme peculiaridades históricas, tradições e narrações. Sem prescindir de nuanças, assim como da narrativa de longevidade, a memória da interlocutora é centrada na saúde, na defesa da vida. Por isso seu tom *ritual* não deixa de lado o modo das denúncias sobre a devastação ambiental experimentada pelos povos tradicionais.

Rupturas mais ou menos sutis rearranjam a noção de *memória de expressão oral* em sua elaboração étnica. Se é certo que o *protagonismo indígena* reposicionou histórias *Kaiowa* no interior da Nova História Indígena, abdicando de categorias tributárias tão somente de "cenas ocidentais", a *memória* étnica incomoda. Porque a presença indígena requer ser escutada desde a *comunidade*, considerando-se os argumentos do próprio grupo. Sonora, cultural sem ser culturalista ou exótica, ou como se o indígena fosse um espécime, a *memória indígena* atua contra a hegemonia do branco. Nesse aspecto, a imposição da *situação colonial* aos *Kaiowa* agride a própria noção de Palavra como estrutura do mundo indígena.[11] Sem *memória* e oralidade, o direito *comunitário* de ser indígena à sua maneira não se estabeleceria.

Na história de Merina constam legados *intergeracionais*, choques entre *gerações*, bem como a *luta ritual* pela garantia *de viver como indígena que é.* Põe-se, por exemplo, a diferença entre as plantações *Kaiowa* e as do agronegócio; apresenta-se o modo de ser da *mulher indígena*. Ao referir cantos, danças, tratamentos de cura, trazendo-se o xamã Sol, *Pa'i Kuara*, ao centro da *memória espiritual*, destacam-se fenômenos de fatos vividos direta e indiretamente com efeitos de *traumas intergeracionais* ou de *traumas transgeracionais*. Dessa forma, a *ritualística da luta* dos indígenas *Kaiowa* pode ser lida nos termos da vida que seguiu seu fluxo.

Pesquisas recentes são importantes para os estudos do *trauma histórico* entre povos tradicionais. Também experiências indígenas participam de legados históricos interligados às lembranças de sofrimentos antigos. De Antonio Maspoli de Araújo Gomes se lê que o trauma *intergeracional* "ocorre por meio da transmissão das memórias traumáticas dentro de uma mesma geração" e, de outro modo, a *transmissão transgeracional* "ocorre por meio da comunicação verbal e não verbal", no "seio da família, pelo contato direto entre seus membros – pais e filhos avós e netos, irmãos e irmãos, tios e sobrinhos", entre outros.[12] São, conforme demonstram estudos recentes, memórias compartilhadas no interior do grupo e ao longo de gerações vinculadas pela produção identitária na *comunidade*.

O *trauma histórico é compartilhado*, o que, então, remete às histórias de conteúdo sensível contadas e cantadas pela narradora: eis o porquê de os *Kaiowa* insistirem na preservação da tradição entre gerações. O que se quer guardar por meio da oralidade traumatizada? Desde a *ritualística* aos sentimentos de angústia e de dor até as imagens lembradas – de armas, de violências na invasão de seus territórios. Mais do que isso, quer-se lembrar das políticas indigenistas de tutela e de acossamento territorial dos indígenas; de titulação das terras indígenas pelo governo de Getúlio Vargas como fossem "devolutas" e do projeto de *colonialidade interna* no país, bem como de meticuloso plano racial de extermínio indígena ao longo da história. Demográfica e culturalmente, porém, os *Kaiowa* – que assistiram a muitos ataques e assassinatos de parentes – sobrevivem e *são como são*.

O *trauma intergeracional* está relacionado à memória do pai da interlocutora, *Pa'i Chiquito*. Quando Merina diz que viveu "despejos", isto é, o chamado *espalhamento*, ou *sarambipa* em *Guarani*, reporta-se à invasão violenta de colonizadores ligados à Colônia Nacional Agrícola de Dourados, nas terras habitadas por sua família e pela "família extensa" dos povos originários na região. Quando descreve a violência do *espalhamento* e todas as agressões físicas, psicológicas e ao espaço natural, Merina vincula a atitude de *resistir* às rezas, aos cantos, aos *rituais* com danças sempre remetendo ao Sol, *Pa'i Kuara*, e à Lua, *Jacy*.

Desde seu pai, que via a Palavra, até seu filho Zezinho, que seria seu legatário, existe preocupação com agressões à natureza possibilitadas pela associação de brancos com seres destruidores; tem-se, não obstante, a diferenciação da constituição antropológica de indígenas (feitos da terra) e de brancos (feitos das cinzas), o que remete à preservação da natureza contrária às queimadas ou à deterioração promovida por parcelas do agronegócio. A história da família de Merina não prescinde, pois, da defesa do *modo sustentável* de vida – conforme se diria fora das aldeias.

Do *trauma transgeracional* em *longue durée*, contudo, insinuam-se lembranças antigas que estão conexas ao avanço dos brancos sobre territórios indígenas. São lembranças conduzidas em fiações trançadas pelos antepassados e anciãos – caciques, rezadores. Ao fazer menções a São Paulo – "tudo o que vinha de ruim era de São Paulo" –, à escravidão indígena e às incursões já distantes no tempo, Merina estaria se recordando, de forma *transgeracional*, do bandeirantismo à época colonial? Caso contrário, por que afirmou: "Dizem que escravizaram, que roubaram as terras, que fizeram grandes viagens"? A miscelânia entre períodos, da incursão de paulistas no Centro-Oeste e, depois, da Marcha Para o Oeste durante a ditadura getulista, faz parte do imaginário de passado difícil, intransigente. Porque a memória tem compromisso com a sobrevivência, organiza-se distinta da temporalidade histórica: seleciona, inventa, ressignifica e nem sempre assume compromissos com o *documento-prova*.

Cabe dizer que não estão desassociadas, na memória, as lembranças dos *traumas intergeracional* e *transgeracional*, os quais desafiam entendimentos de vivências resistentes. Não importa tanto dizer se há exata correspondência da narrativa com a *factualidade referida* pela entrevistada, mas o que significa dizer que foi do jeito que a memória diz que foi? Ao fundo, a Palavra da *mística*, que opera na temporalidade mnemônica mais do que no transcurso organizado da História. De uma *mística* toda própria: certo combinado estético de compromisso com as forças da natureza, com o material da memória onírica revivido de *olhos abertos*: como quem, ao amanhecer, vê *Pa'i Kuara*, o *Sol*.

LUGAR DE SER INDÍGENA

> *"O entendimento das elites brasileiras era de que os povos indígenas eram seres efêmeros, em transição para a cristandade e a civilização. Assimilados, supostamente desapareceriam como grupos etnicamente diferenciados e se diluiriam no conjunto da população brasileira comum, sem nome, sem território próprio, sem identidade."*
>
> Graciela Chamorro

Os povos guarani-falantes se definem por meio do lugar de serem indígenas. Esse lugar tradicional – geograficamente situado – é o *Tekoha*. Segundo Bartolomeu Melià, *Tekoha* é "lugar onde eles são o que são, lugar que promete e faz possível o que serão".[13] Histórias do sofrimento indígena, contudo, acompanham *pari passu* as agressões sofridas no território. São demonstrações disso, portanto, as invasões coloniais, as tentativas bem-sucedidas de deslocar indígenas às reservas criadas no Mato Grosso do Sul no início do séclo XX.[14] *Tekoha* é lugar de memória, de imaginário, de espiritualidade – está ligado à própria existência do *Kaiowa*.

A agressão ao território é, desse modo, a violência contra o indígena, sua memória, suas histórias. Ofensivas colonizadoras, cujo pretexto foi a existência de "terras devolutas" (como se os territórios não fossem habitados), reforçam o sofrimento: "Sem *Tekoha* não há *teko*, sem lugar de ser, não há ser."[15] As investidas contra o ser indígena são violentas e, não raro, mortais. E não há dissociação: quando atacam terras indígenas, os próprios indígenas são agredidos.

Conforme relatos de pesquisadores e organismos internacionais, a situação das etnias *Kaiowa* e *Guarani* no atual estado de Mato Grosso do Sul é grave: a maior parte de suas terras sofreu esbulho, principalmente após a criação da Colônia Nacional Agrícola de Dourados, em 1943. A crise instaurada remete às identidades dos povos indígenas guarani-falantes na região, que estão atreladas ao domínio da territorialidade. Seus espaços não são entendidos como propriedades privadas, mas como terras *comunitárias* "onde se possa viver e ser".[16]

Estudos do Instituto Socioambiental (ISA) demonstraram, no final do ano de 2021, que as terras indígenas são apenas 2,5% do território estadual em Mato Grosso do Sul; que grandes fazendas ocupam 83% da "extensão territorial dos imóveis rurais", enquanto "as pequenas propriedades representam apenas 4%". Ao analisar as violações aos direitos de indígenas à vida e ao território tradicional, é possível constatar que "o Mato Grosso do Sul concentrou 39% dos 1.367 assassinatos" de lideranças "ocorridos no Brasil, entre 2003 e 2019, conforme o Conselho Indigenista Missionário". A situação é tão grave que, em 2019, somente no Mato Grosso do Sul foram confirmados 10 casos entre as 35 mortes de indígenas registradas em todo o país.[17]

As *expressões orais* de experiências sensíveis e de recordações são uma constante nas reuniões indígenas. Não obstante, são sempre reiteradas as lutas em prol de territórios nos quais se quer permanecer ou "retomar" (demarcações são reivindicadas). Entre os *Kaiowa*, fala-se do "lugar onde se vive alegre", que é chamado de *teko vy'aha*. Considere-se, ainda, o imaginário indígena no imediato como aquele que se constitui em rituais mnemônicos de resistência. Parte do agronegócio é, por conseguinte, tida como hostil ao reestabelecimento do território tradicional. Violências, mortes e múltiplas formas de oposições são deflagradas não somente contra as etnias do sul de Mato Grosso do Sul.

A *memória indígena*, em Merina, é amadurecida pela vida e em função de vivências do trajeto; pelo transcurso dos anos e da temporalidade na luta pelo *Tekoha*. A interlocutora não somente desarticula entendimentos convencionais sobre trabalho – no ocidente não indígena – como a ideia de que se luta na juventude e de que se descansa merecidamente na velhice; no lugar, ela, idosa, enfatiza à sua maneira as reivindicações *Kaiowa*. Dá importância ao século XX sem se esquecer, à sua maneira, de acontecimentos mais antigos. O corpo da rezadora, *Ñandesy*, é corpo de luta no *corpus* da *recordação indígena*.

O *Tekoha* é experiência viva e é a própria vida do indígena. Não parece plausível conceber o *Tekoha*, então, como reduzido a um *tipo ideal* analítico. Conforme indígenas da etnia *Kaiowa*, sobretudo no *Itay Ka'aguyrusu*, trata-se de lugar privilegiado em que se tem a Terra, de onde provém a forma de sustento conforme os modos tradicionais da vida *étnica*. Para Levi Marques Pereira, o "Tekoha se refere mais a uma unidade político/religiosa, que comporta grande dinamismo em termos do número e da forma de articulação das parentelas que entram na sua composição"[18]

> Os seres destruidores ajudaram os brancos a destruírem a natureza. Porque quem destrói é amigo dos destruidores e não existe outra forma de entender. Uma parte dos brancos se acha inteligente, estuda, constrói e faz tudo que significa "desenvolvimento humano" – como dizem, mas, se são tão bons, por que se juntam com os seres destruidores para serem destruidores e acabarem com o futuro do planeta? Tudo isso é muito triste e não parece ser algo muito sábio.
>
> Merina Adelina Ramona

De configuração "flexível e variada", então, o *Tekoha* abrange redes internas de solidariedade constituídas a partir da "sabedoria do líder".[19] *Tekoha* é a memória do lugar, com sabores, odores, impressões depreendidas da natureza, *ritos* e a prevalência da oralidade. Evidente que Merina denunciou as agressões da sociedade branca com arquitetura narrativa da *mística*: *Tekoha* é lugar a ser defendido, reconquistado e, na vida da interlocutora, é espaço de cura. Quem disse que a espiritualidade indígena remete à docilização dos povos tradicionais? Merina demonstrou, pelo reverso, como Pa'i Chiquito viu a Palavra e se relacionou com o Sol, *Pa'i Kuara*, para a imposição de resistência ao avanço de conquistadores do espaço.

Sem a narrativa sobre o *Tekoha* na temporalidade da memória, parece, contudo, impossível defender o modo virtuoso de vida que os *Kaiowa* chamam de *teko marãngatu*. A modalidade aplicada da história oral tem inclinação aos direitos das *comunidades* indígenas, entre outros, e aqueles que dizem respeito à proteção da natureza. Alguns dos 17 Objetivos de Desenvolvimento Sustentável (ODS) para 2030, da ONU, sinalizam para a proteção do meio ambiente: nesse sentido, os indígenas *Kaiowa* – povo de Merina – podem ser importantes aliados nas áreas ainda não devastadas pelo agronegócio (áreas diminutas no Mato Grosso do Sul, diga-se).[20] A proteção da natureza é preocupação recorrente em narrativas indígenas, especialmente quando se consideram histórias tradicionais como as da interlocutora.

A partir da Palavra e da *memória*, Merina, conforme entrevista em análise, conferiu sentido ao *Tekoha*. Espacial: "[...] é claro que o *Tekoha* é um espaço, um lugar onde a gente planta, onde a gente caça e onde a gente vive". Mnemônico: "A gente lembra do *Tekoha* [...] existe um *Tekoha* nas lembranças do indígena". Sensível: "Tem cor, tem sabor, tem cheiro, tem vida e tem até sangue dos nossos antepassados e as nossas placentas[21] estão enterradas no seu chão". Saudável: "No *Tekoha* tem a cura, porque tem a sabedoria dos rezadores". Guerreiro: "Nos expulsaram do *Tekoha* e nós tivemos que lutar por ele". Não sem razão, o *Tekoha* tem sido definido como polissêmico, mas, ainda assim, "um espaço mais ou menos delimitado e exclusivo".[22] A narradora é e vive no macrocosmo indígena porque ainda existe *Tekoha*, realidade distinta daquela de outros *Kaiowa* e *Guarani* deslocados de maneira forçada para reservas indígenas.

Notas

[1] Maria Regina Celestino de Almeida, "A atuação dos indígenas na História do Brasil: revisões historiográficas", em *Revista Brasileira de História*, São Paulo, v. 37, n. 75, pp. 17-38, 2017.

[2] Ibid., p. 18.

[3] Trata-se evidentemente de obras sobre temporalidades, povos e circunstâncias diferentes. Ambas, em cada lugar, demonstram a mudança de perspectivas quando se aborda a História (Monteiro) ou as histórias (Meihy) indígenas.

[4] José Carlos Sebe Bom Meihy, *Canto de morte Kaiowá: história oral de vida*, São Paulo, Loyola, 1991.

[5] Georges Balandier, "La situation coloniale: approche théorique", em *Cahiers Internationaux de Sociologie*, Paris, v. 11, pp. 44-79, 1951.

[6] Simon Schama, *Paisagem e memória*, São Paulo, Companhia das Letras, 1996, p. 70.

[7] Graciela Chamorro contribuiu como intérprete da língua *Kaiowa*.

[8] João Pacheco de Oliveira, *O nascimento do Brasil e outros ensaios: "pacificação", regime tutelar e formação de alteridades*, Rio de Janeiro, Contra Capa, 2016, pp. 28 e 39.

[9] Deise Lucy Oliveira Montardo, *Através do mbaraka: música, dança e xamanismo guarani*, São Paulo, Edusp, 2009, p. 237.

[10] Ibid., 2009, p. 263.

[11] Georges Balandier, op. cit., 1951.

[12] Antonio Maspoli de Araújo Gomes, *"Melhor que o Mel, só o Céu": trauma intergeracional, complexo cultural e resiliência na Diáspora Africana (um estudo de caso do Quilombo do Mel da Pedreira, em Macapá, AP)*, Tese (Doutorado em Psicologia Clínica), Pontifícia Universidade Católica de São Paulo, PUC, São Paulo, 2017, p. 25.

[13] Bartolomeu S. J. Meliá, "Memória, história e futuro dos povos indígenas", *em* Graciela Chamorro e Isabelle Combès, *Povos indígenas em Mato Grosso do Sul: história, cultura e transformações sociais*, Dourados, Ed. UFGD, 2015, p. 16.

[14] Antonio Jacó Brand, *O impacto da perda da terra sobre a tradição kaiowá/guarani: os difíceis caminhos da palavra*, Tese (Doutorado em História), Pontifícia Universidade Católica do Rio Grande do Sul, PUC, Porto Alegre, 1997.

[15] Ibid., p. 16.

[16] Ibid., p. 16.

[17] Ver Oswaldo Braga de Souza, "Mato Grosso do Sul é campeão de conflitos com indígenas, mas também em concentração de terras", *Instituto Socioambiental (ISA)*, 15 set. 2021, disponível em <https://site-antigo.socioambiental.org/pt-br/noticias-socioambientais/mato-grosso-do-sul-e-campeao-de-conflitos-com-indigenas-mas-tambem-em-concentracao-de-terras>, acesso em 6 fev. 2022..

[18] Levi Marques Pereira, *Parentesco e organização social kaiowá*, Dissertação (Mestrado em Antropologia Social), Universidade Estadual de Campinas, Unicamp, Campinas, 1999, pp. 81-95.

[19] Ibid., p. 97.

[20] Ver United Nations Development Programme (UNDP), Sustainable Development Goals, *UNDP*, 2015, disponível em <https://www.undp.org/sustainable-development-goals?utm_source=EN&utm_medium=GSR&utm_content=US_UNDP_PaidSearch_Brand_English&utm_campaign=CENTRAL&c_src=CENTRAL&c_src2=GSR&gclid=CjwKCAiAsYyRBhACEiwAkJF-Kono5Yk0Mis3nqEMyRYABiGcI5R-078ziCPHi3440OcLkcvYO5xn-9hoCfIUQAvD_BwE>, acesso em 6 mar. 2022.

[21] Durante os procedimentos *transcriativos* da entrevista, chegou-se à expressão "placenta", que melhor traduziu o sentido e a ambiência da narração de Merina.

[22] Thiago Leandro Vieira Cavalcante, *Colonialismo, território e territorialidade: a luta pela terra dos Guarani e Kaiowa em Mato Grosso do Sul*, Jundiaí, Paco Editorial, 2016, pp. 90-1.

Marco Antonio Delfino de Almeida

"Assim, enquanto o racismo não tiver sido eliminado da vida e da imaginação do nosso tempo, será preciso continuar a lutar pelo advento de um mundo para além das raças. Mas, para chegar a esse mundo a cuja mesa todos são convidados a se sentar, ainda é preciso se ater a uma rigorosa crítica política e ética do racismo e das ideologias da diferença."

Achille Mbembe

PROTEÇÃO DE DIREITOS

"Os direitos humanos surgem como um conjunto de faculdades e instituições que, em cada momento histórico, concretizam as exigências de dignidade, liberdade e igualdade humanas, as quais devem ser reconhecidas positivamente pelos ordenamentos jurídicos, nos planos nacional e internacional."

Enrique Pérez Luño

Era o início de uma nova fase da minha carreira. Para quem pesquisa no campo da história oral, tudo se mostrava desafiador numa região que é *faixa de fronteira* entre Brasil e Paraguai. O Cone Sul de Mato Grosso do Sul é zona de conflitos permanentes. Como corolário, existem constantes tensões fundiárias entre fazendeiros e indígenas. Mapeando o novo lugar, tomei conhecimento da atuação de Marco Antonio, que, além de procurador da República – membro do Ministério Público Federal (MPF) – e professor de Direito, é doutorando em História.

Na universidade, o entrevistado coordena um projeto de pesquisa na linha de História Indígena e do Indigenismo. Versa, entre outras coisas, sobre a tutela civil e o marco temporal, bem como sobre teorias que abordam colonialidade nas relações com povos indígenas. Entre parcelas significativas das *comunidades Kaiowa, Guarani* e *Terena*, o procurador da República é visto como protetor dos direitos de povos tradicionais. Por isso, é difícil que expoentes ou receptores da *ideologia ruralista* desconheçam a atuação de Marco Antonio.[1] Em todos os casos, porém, o entrevistado é considerado atuante e incansável, em razão de violações que se multiplicam na região.

O interlocutor já tem consolidada sua atuação profissional no que se refere à proteção de direitos humanos ou fundamentais de indígenas. Em 2019, quando da publicação da matéria "Fraturas expostas" (*UOL)*, pelo jornalista Luís Adorno, mencionava-se que Marco Antonio era um dos 22 procuradores negros do MPF.[2] Para além disso, o narrador não hesita em discutir assuntos da maior relevância, tais como os *projetos raciais* no país e suas consequências.

Se se trata de jurista que opera profissional e institucionalmente em prol da proteção do Estado, na perspectiva da própria história de vida – acadêmica inclusive –, Marco Antonio mantém o fito em parcelas vulneráveis. Ao lado do rol de sobreviventes do cotidiano, a história de Marco Antonio se ajusta àquelas construídas em prol de grupos hostilizados, agredidos, vilipendiados. Essa percepção requer cuidados, pois o interlocutor deixa claro seu distanciamento do chamado "ativismo".[3]

A entrevista foi realizada no prédio do MPF, em Dourados. Marco Antonio é alguém que *fala* com criteriosa seleção de memórias e certa elasticidade teórica, remetendo-se também às *teorias decoloniais* e ao campo do Direito. Ele mencionou autores variados e, com sofisticação, buscou quase sempre argumentar em defesa do seu ponto de vista. Declarando-se trabalhador contumaz, o entrevistado mencionou suas passagens de uma fase para outra durante a vida: sua mudança de Corumbá para o Rio de Janeiro; o ingresso no Colégio Militar e, posteriormente, na Marinha do Brasil como aspirante. Tendo deixado a vida militar, tornou-se auditor fiscal em 1998 e, depois, tornou-se membro do Ministério Público no ano de 2006.

No curso da entrevista, percebi que Marco Antonio teve a preocupação de classificar os conceitos que mobilizou sem, porém, ilhá-los ou enrijecê-los. Abordou assuntos variados sem apelar, ainda, às categorias universais ou totalizantes, vazias ou de baixo potencial explicativo. Os problemas suscitados, os direitos elencados e até as populações das quais se recordou foram distinguidos de maneira que não restaram intactas *idealizações abstratas*. Em razão de sua profissão, Marco Antonio procura encarar os problemas em seu estado concreto ou em decorrência de dilemas do dia a dia.

Seu *tom* de professor com interesse na matéria *falada* pode ser compreendido, desse modo, sempre no concreto que envolve *grupos* afetados. No entanto, o que Marco Antonio disse sobre o racismo em suas múltiplas formas? Haveria distinção, na perspectiva do interlocutor, entre racismos sofridos pela população negra e aqueles experimentados pelos indígenas? Tudo se torna interessante, porque o narrador não deixa de falar de si próprio. Aliás, tudo

> Do caderno de campo:
>
> Fui com algumas frases em mente, tencionando estimular a memória do narrador. Foi assim que comecei...
> Como pessoas do mundo jurídico são afeitas às perguntas objetivas, elaborei um roteiro completo e inusitado.
> Bastou dizer que estava gravando para Marco Antonio começar a narrar em dinâmica cadenciada por urgências; discretamente, guardei meu roteiro na pasta e me inclinei como quem redobra a atenção ao dobrar as apostas numa boa história.

convidava ao diálogo gravado, que se deslocou pouco a pouco do Direito para o trágico revelado em detalhes.

Pareceu-me, portanto, que o narrador queria ir além. Abordou assuntos sensíveis para os povos indígenas ao indicar contradições, assimetrias, tensões, ações criminosas, episódios caracterizados por violências. Procurei pela *escuta plena* do entrevistado, convidei-o à *fala* espontânea. Mas ele não precisava disso: a sala do MPF, seu *habitat* profissional, converteu-se em *máquina do tempo* e em lugar propício para invocações de histórias – simulacro verbalizado da realidade.

Quando se tornou procurador da República, Marco Antonio mudou para Altamira, no estado do Pará, onde atuou em prol dos *povos da floresta*. Desde o início, trabalhou em áreas de violência e de violações de direitos: Altamira foi considerado, em 2017, o município mais violento do Brasil pelo Ipea, enquanto a região do sul de Mato Grosso do Sul é marcada pelo rasto de sangue dos grupos indígenas.[4]

Favorável à demarcação de terras indígenas nos termos da Constituição Federal e oposto à tese do marco temporal; atuante, por óbvio, contra as diversas formas de racismos e de violências, Marco Antonio não põe apenas o *dedo na ferida* do *establishment* e de parcelas do agronegócio. Põe, antes, as *razões crítica* e *jurídica* em evidência sem se afastar de performance sensível.

A *comunidade* internacional está preocupada, cada vez mais, com os testemunhos dos povos indígenas brasileiros. O eco de sonoridade imponente produzido por esses *grupos* ressoa no continente europeu sempre que o assunto traz preocupações climáticas e relativas à sustentabilidade. Logo se percebe que, ao proteger direitos dos povos *tradicionais*, as memórias *étnicas* ecoadas servem como *libelo* nesses tempos estilhaçados. Sem atender ao racionalismo frio ou formalista, Marco Antonio manejou a linguagem jurídica e a traduziu: em nenhum momento produziu a defesa da aplicação vertical do *Direito desencarnado*. Algo sobressaltou: o entrevistado sabia do que falava – para além da Universidade, mas não aquém dela.

HISTÓRIA 4 – *"ENTENDO QUE SOU UM DEFENSOR DE DIREITOS HUMANOS"*

> *"O defensor de direitos humanos tem uma diferenciação do ativista. Porque o protetor de direitos humanos defende uma pauta, muito clara, estabelecida e de direitos postos. Entendo que sou defensor de direitos humanos. Esse é um papel muito claro! Você tem toda uma estrutura de direitos humanos que vem de muito tempo, mas, de uma forma mais aprimorada, no segundo pós-guerra; de legislações, de tratados, de convenções, de declarações."*

Marco Antonio Delfino de Almeida

Nunca parei para fazer uma reflexão assim, sobre minha trajetória. Não sei se é defeito, mas acho que sou um *workaholic* – trabalho compulsivamente – e tenho pouco tempo para pensar nessas questões afetivas. Acho que sobre os processos de mudança nós nos recordamos com mais intensidade.

Lembro-me da minha saída de Corumbá para o Rio de Janeiro. Acho que foi um momento não digo traumático, mas de um processo importante de adaptação. Um processo de *bullying*, sabe? Quando você chega em uma cidade maior... Tanto que até meu sotaque sofreu – eu sempre brinco! – *bullying*, porque quando cheguei ao Rio de Janeiro, era diferente. Isto é, falava de uma forma diferente, e é claro que isso chama a atenção. Então acabei rapidamente mudando a forma de falar.

Natural que você, nessa situação, acabe *mimetizando*, adotando um aspecto "camaleônico". Na verdade, todo adolescente é "camaleão". Acaba de alguma forma tentando imitar pessoas à sua volta. Eu saí do interior, de uma escola pública para outra... Fui para o Colégio Militar do Rio de Janeiro. Foi um período complicado, do qual me recordo com muita nitidez. Obviamente, meu processo de entrada na Marinha do Brasil também foi interessante sob a perspectiva do racismo. Na realidade, essa percepção se dá antes mesmo da entrada na Marinha.

Eu tinha um nível que considero bom de notas e muita gente me falava:

– Não, você tem que ir para a Academia Militar das Agulhas Negras. Você tem que ir para a Aman! Você não pode ir para a Marinha, porque a Marinha é racista! Você nunca vai conseguir entrar na Marinha... Você nunca vai conseguir ser oficial da Marinha... A Marinha não gosta de negros.

Perguntavam:

– Você já viu um negro na Marinha?

A questão do racismo, nessa conjuntura, ficou explicitada. No caso do racismo, ainda tem a *culpabilização da vítima*, em que a própria vítima teria *dado causa* àquele tipo de situação. Realmente eu tive um problema muito notável de adaptação ao sistema militar. Talvez esse seja o primeiro momento que eu tive contato com o racismo de uma forma mais explícita! Depois, foi... já na Marinha! Eu me lembro que sempre tinha essa percepção que é própria do racismo brasileiro: nunca é de uma forma direta. Na maior parte das vezes é sutil.

Você sempre fica se perguntando: "Mas será que o culpado sou eu? Será que não estou me adaptando?"

Fica sempre entre aquela situação entre o racismo propriamente dito e a vítima que teria dado alguma contribuição para que ele ocorresse.

* * *

Agora, esse episódio que vou contar, pelo que me lembro, foi num clube em Santos. Foi franqueado o acesso aos militares... Era uma viagem. A gente foi numa excursão, se não me engano. Ficamos até meados de um janeiro desses... Era uma viagem que a gente chamava de "férias", mas na realidade era feita com os navios: são navios de excursão. Como era um número muito grande de aspirantes, ficaram 24 pessoas por navio. Eram 3 navios, ou seja, eram 72 aspirantes. Franquearam, então, o acesso a um clube na orla de Santos – não me lembro do nome – e quando me dirigi à piscina, um funcionário me falou:

– Você não!

Claro que já ouvi outros relatos, não é? Nesse caso, foi um misto de espanto em que *você* não entende realmente o que está acontecendo. O lado "bom" da sociedade polarizada que temos hoje é que a reação que as pessoas têm do racismo não é a mesma que eu tive à época. Na sociedade polarizada as coisas são mais explicitadas:

– Você não!
– Mas por que não?
– Porque tem que fazer o exame!
– Mas os outros não fizeram o exame!

Nesse caso eu fui barrado! É um caso clássico de discriminação racial. Isso ocorreu na década de 1980. Era um período em que havia essa ideia romântica de *democracia racial*, em que éramos um país único, que falava uma mesma língua do Oiapoque ao Chuí. Era esse mantra que os militares de alguma forma acabavam nos passando.

* * *

A Marinha entendia que você não podia fazer um concurso público, pois, para fazê-lo, você tinha que ter autorização dos superiores hierárquicos no Colégio. Absolutamente inconstitucional!

Lembro-me de que, quando passei no concurso que prestei, e já sabendo até de outros relatos de colegas que tinham sido presos porque não teriam comunicado aos superiores hierárquicos, enviei meu *termo de posse* por fax. Houve uma série de reações. Lembro-me de que ligaram para a minha esposa, na época, e falaram que eu iria ser preso. Que era um desertor da Marinha. Eu pensei: "Ué, desertor por quê? Desertor que passa num concurso público, como pode?"

À época, tive uma conversa com uma pessoa e disse:

– Olha, a gente está em 1998 e não em 1968.

Então havia esse entendimento de que a sociedade tinha de se submeter aos militares e não os militares à sociedade. Existe esse tipo de pensamento ainda hoje, não é? Ainda há uma insubordinação castrense à Constituição Federal. A Constituição existe como vetor de interpretação de toda a legislação, inclusive militar. Os militares precisam entender que existem vários dispositivos constitucionais: não precisa, por exemplo, que alguém se submeta a superior hierárquico para fazer concurso público, porque isso é risível.

* * *

Depois, teve o momento de chegada na região amazônica, já como procurador da República, em uma realidade totalmente diferente. É um universo riquíssimo em diversidade, em problemas... tudo debaixo do nariz do Estado. Foi uma experiência enriquecedora: o contato com os movimentos sociais, esse embate em relação a grandes projetos quando cheguei na cidade de Altamira. No ano seguinte à minha chegada, houve a morte da Dorothy Stang...

É interessante, porque me lembro que a percepção da região Sul é uma e a percepção da região Norte é outra. Perguntei, então, na cidade, o que as pessoas achavam da Dorothy Stang, porque, para todos os efeitos, os meios de comunicação passavam uma imagem dela como uma pessoa que defendia os direitos das comunidades vulneráveis, que defendia a floresta... Localmente, ela era vista com todos esses estereótipos que até hoje se têm – quando diziam:

– Não, ela era uma guerrilheira! Era uma freira guerrilheira! Ela trazia armas dos Estados Unidos!

Na realidade, o ódio local tinha a ver com o efeito das investigações. Porque os efeitos das investigações provocaram um fechamento em massa das serrarias, todas ilegais, que existiam ali. A atividade econômica da cidade decaiu completamente! Agora, eu sempre digo que isso é compreensível dentro daquele *microcosmo* limitado de entendimento que aquela pessoa tem, não é? Mas quando a gente vê esse discurso que é produzido na alta esfera do governo, como a gente tem hoje, realmente é algo para se preocupar.

Uma coisa é um discurso de um taxista, outra coisa é um discurso de um comerciante que foi afetado, que perdeu clientes, não é? Ainda que por um conjunto de ações corretas. Ou seja, você não pode ter uma atividade ilegal sendo desempenhada em qualquer lugar. Mas não se pode ter um processo *desenvolvimentista* sendo realizado a qualquer custo, a qualquer preço. Agora, você não pode ter esse mesmo discurso sendo produzido na alta esfera do governo como a gente tem hoje: esse mesmo discurso *desenvolvimentista* sendo reproduzido a qualquer preço.

Em resumo, a minha experiência no Pará foi realmente enriquecedora. Também por causa do nascimento da minha filha, que nasceu em Campo Grande seis meses antes da nossa mudança... Porque essa experiência realmente não tem nem como descrever. Tenho uma filha. Acompanhei todo o processo do parto, fiquei lá, ao lado do berçário... ligando para todo mundo durante três ou quatro horas. Mas tem um pouco da região amazônica com ela.

* * *

O defensor de direitos humanos tem uma diferenciação do ativista. Porque o protetor de direitos humanos defende uma pauta, muito clara, estabelecida e de direitos postos. Entendo que sou defensor de direitos humanos. Esse é um papel muito claro! Você tem toda uma estrutura de direitos humanos que vem de muito tempo, mas, de uma forma mais aprimorada, no segundo pós-guerra; de legislações, de tratados, de convenções, de declarações. Todo um sistema de direitos humanos que tem fundamentação jurídica.

Nós entendemos que ainda há pouca implementação. Então, você tem, digamos, um ideal! Você tem o "ótimo" muito longe da realidade. Nosso papel é fazer com que esse "ótimo" seja parte da realidade das pessoas e, na minha visão, o ativismo de alguns setores é algo que vem até para implementar esse "ótimo". Isto é, novos direitos vêm da sociedade civil, na utilização de instrumentos – que não são jurídicos – são *metajurídicos*: sejam manifestações, abaixo-assinados, boicotes etc.

Em termos jurídicos, você tem uma diferenciação que é muito clara. A partir do momento em que *você* é ativista, *você* não pode tocar processos judiciais, porque *você* seria suspeito para a condução desses processos. Entendo que faço esse papel, que é o papel previsto na Constituição Federal para os procuradores da República, isto é, proteger direitos humanos e fundamentais.

Agora, obviamente essa defesa – como é uma defesa contramajoritária – acaba sendo notada, porque a maior parte das pessoas entende que não pode ser feita ou que é inadequada. Porque toda vez que você acaba atuando de forma contramajoritária, que é a agenda de direitos humanos, você acaba trabalhando contra o senso comum, contra o *mainstream*...

Claro que você não vai receber tapinhas nas costas, não vai receber congratulações; que as pessoas não vão te cumprimentar na rua porque você está fazendo um bom trabalho. Não vão te aplaudir! Não vão fazer manifestações de apoio! Eu sei que essa defesa é bem diferente de uma posição "otimista", mas eu concordo que ela é *contramajoritária*.

* * *

Depois de ser militar, fui auditor fiscal e, como auditor fiscal, verifiquei – inclusive fiscalizei depois – na época um político, que depois virou governador... foi preso! Mas me lembro que, quando eu fiscalizei certa prefeitura, houve um escândalo: utilizavam dois garis como donos de empresas que prestavam serviço para a prefeitura. Recordo-me que a gente investigou isso e verificou que os garis, na verdade, eram proprietários dessa empresa. A gente autuou a prefeitura para que ela pagasse, porque, caso contrário, aquela dívida iria ficar com o INSS.

Essa autuação caiu em Brasília. Caiu porque houve conveniência política. Eu falei: "Poxa!" Então, não dá para estar num local onde faço autuações e elas caem porque os políticos mexem os pauzinhos. Houve várias alterações recentes, demonstrando que havia diversos problemas no setor de recursos tanto da previdência quanto da Receita Federal. Percebi que tinha que ter uma profissão em que pudesse fazer alguma coisa a mais do que simplesmente do ponto de vista administrativo, que poderia ser facilmente alterado.

Inicialmente, pensei em Judiciário! Ainda bem que mudei, porque realmente não tenho nada a ver com a função de juiz. De alguma forma, acabei me interessando pelo Ministério Público. Na época, havia toda uma atuação em razão do caso muito famoso, no Acre, do Hildebrando Pascoal. Foi um caso que mobilizou o MPF. Havia também uma investigação sendo conduzida contra o Antônio Carlos Magalhães... Então, existia já um início de visibilidade do MPF e muito interesse justamente por essa capacidade de atuar de forma *contramajoritária*. Isto é, contra políticos poderosos... ainda que, posteriormente, tenha descoberto – foi parar na mídia – um colega que fez isso com motivações políticas, não é? Porque realmente ele é muito ligado a determinado grupo político, o que me decepcionou profundamente... mas mostrou que o Ministério Público é feito de pessoas e que pessoas têm as suas falhas...

Esse ponto é importante. Nesse caso específico, o colega era ativista político. Fazia defesa de uma ideologia partidária utilizando o Ministério Público. Isso tira qualquer tipo de isenção, de imparcialidade na situação. Procurador é parte, como se sabe. Você pode ser parcela, mas ao mesmo tempo a gente é mais do que parte, não é? Porque parte é o advogado... O procurador, a rigor, apesar de ser parte da acusação, ele também tem um papel muito claro de defesa da higidez processual.

A partir do momento em que, de alguma forma, tenho algum interesse no processo, o interesse não é jurídico... o interesse é pessoal ou partidário de que aquele determinado caso tenha certo desfecho. Por isso sempre verifico se aquele processo está hígido. Se não está adequado, então é problemático e não é técnico. O membro do Ministério Público não pode, em momento algum, entender que tem uma causa própria acima da higidez do processo. É importante defender a instituição como sendo blindada a interesses políticos. Justamente para que você tenha a possibilidade de fazer a defesa do devido processo legal sem o temor de retaliações...

Penso que a gente tem que lidar de forma muito mais desperta com esse racismo institucional, porque as pessoas, quando vestem a toga, tornam-se juízes, promotores, elas não deixam o racismo no escaninho, na entrada do fórum. O mesmo se pode dizer das pessoas que defendemos, não é? As sociedades indígenas, por exemplo, são sociedades humanas! Então, você vai ter pessoas diversas; criminosos, estupradores. Quer dizer, vai ter pessoas que cometem crimes como em quaisquer outras sociedades.

Se eu tiver uma visão ativista simplesmente, ou *essencialista*, não tenho a capacidade de agir com correição. Dessa forma, sou muito claro em dizer que já processei vários indígenas, porque não tenho a mínima dificuldade de processar quantos forem necessários se for o caso. Porque entendo que a gente não pode reproduzir preconceitos. O mesmo procedimento que as pessoas têm de que são sociedades primitivas, de que são sociedades atrasadas... essa ideia é oriunda de estigmas: do estabelecimento de características a todos os membros do grupo, ou seja, todo mundo é "preguiçoso", todo mundo é "alcoólatra"... Não pode também ter o reverso disso, que todo mundo é bom, todo mundo é defensor da natureza... Não, pelo amor de Deus!

* * *

A minha primeira experiência com as causas tradicionais foi com os povos indígenas da floresta, com os povos tradicionais. Porque, na região amazônica, talvez os principais problemas dos povos indígenas não sejam territoriais. São problemas relacionados aos recursos econômicos. A exploração de minério, por exemplo. São questões ligadas ao território, obviamente... Tem o problema do tamanho. Vamos imaginar a Terra Indígena Apyterewa, no Pará, que deve ter 773 mil hectares: então, você ainda terá dificuldade de gestão e de ocupação do espaço.

Nesse caso, a questão territorial acaba sendo secundarizada... Em relação aos povos tradicionais, *você* tem uma situação muito próxima da situação do Mato Grosso do Sul – que são comunidades invisibilizadas pelo

Estado. Comunidades estas que sofrem toda pressão econômica pela ocupação do território.

Lembro-me de ter acompanhado a situação da comunidade do Mangabal, no Tapajós, em que o Estado simplesmente ignorava sua presença ou existência. A primeira vez que o Estado se fez presente foi por meio do oficial de justiça, dizendo que eles tinham que desocupar aquela área porque era área de um grileiro que, agora, tinha o título de uma terra de 773 mil hectares. A grilagem, e seus efeitos sobre as populações tradicionais, sempre foi o aspecto que mais me despertou a atenção. Porque era literalmente uma briga entre a pessoa que tinha a *posse*, que tinha o *direito*, que tinha a *história*, que tinha *memória* e a outra que, por sua vez, tinha o *papel*.

Essa luta está desigual do ponto de vista jurídico. Um ribeirinho terá uma dificuldade imensa de chegar perto... Ainda tem isso, a distância da região amazônica. Lembro-me que as pessoas vinham falar comigo sobre o trajeto que faziam – que era em dias e não em horas:

– A gente demorou para chegar porque a gente não conseguiu. Porque a gente estava com dificuldades de transpor a cachoeira e, por isso, a gente demorou um dia a mais.

Como essas pessoas teriam acesso ao Estado? E as pessoas são absolutamente invisibilizadas. Eu me lembro que teve uma briga com a prefeita da cidade, porque a gente começou a demandar que houvesse atendimento médico para as comunidades. As pessoas morriam lá! Eles tinham um cemitério e morriam de coisas básicas como diarreia, morriam de picada de cobra. Morriam de causas evitáveis.

Lembro-me de que a prefeita falou assim:

– Não, o governo que criou, o governo que atenda!

Eu falei:

– Ué! Espera... O governo fez a delimitação física do território dessas comunidades, justamente para que elas não sofressem ainda mais esse processo... que elas pudessem ser minimamente resistentes ao avanço dos grileiros. Desse "ogronegócio"! Desse agronegócio absolutamente devastador!

Lá na região amazônica a luta não é só pelo território, porque eles, às vezes, estão lá por gerações. Muitas vezes foram trazidos pelo próprio governo em outros períodos. Alguns são soldados da borracha que acabaram permanecendo ali. Isto é, foram abandonados pelo Estado há tempos e continuam abandonados hoje. Esse processo, talvez, tenha me chamado a atenção, e atuei mais intensamente em relação aos povos indígenas no início.

Quando cheguei a Dourados, no Mato Grosso do Sul, percebi que a situação dos *Kaiowa* e *Guarani* é muito mais grave. Mas é igualmente violenta e igualmente desigual. Lá *você* tem da mesma forma assassinatos de lideranças, como foi o caso da Dorothy Stang, e aqui da mesma forma com as pessoas relacionadas à defesa do território dessas populações. Toda liderança é ameaçada ou morta.

A Reserva Indígena de Dourados é uma demonstração... Yehuda Bauer tem um termo chamado *indiferença hostil* e, recentemente, a BBC transmitiu um documentário denominado *Protocolo de Auschwitz*. São relatos de Auschwitz, são pedidos de ajuda, levados aos Aliados e que foram absolutamente ignorados. Yehuda Bauer diz que isso é *indiferença hostil*.

Fala assim: "Olha, na verdade eu não gosto dos judeus... Se eles estão morrendo ou não, isso é algo irrelevante".

Poderiam ter bombardeado não Auschwitz, mas minimamente as linhas férreas. Isso nunca foi debatido. Eu até escrevi que na Reserva Indígena de Dourados você tem o cenário de *indiferença hostil* – em que as pessoas simplesmente não se importam – ou, então, o cenário de racismo. Fica entre o racismo e a *indiferença hostil*, que é o que temos para as etnias *Kaiowa*, *Guarani* e *Terena*.

É muito comum, e é relacionado à inexistência de uma *justiça de transição*, um cenário de perpetuação de violações. Se *você* não tiver a *verdade*, a *memória*, a *reparação* e a *não repetição*, certamente se vai repetir todo aquele horror. Tem um livro chamado *Partial Justice*, que diz que a maior demonstração de que, na justiça norte-americana, você tem o racismo judicial é que o caso mais relevante seja o caso do século XIX. Porque, do século XIX para cá, eles só perderam.

Então esse julgamento do século XIX é algo que, de alguma forma, eles tentam se aferrar – que é o julgamento que reconhece a autonomia das nações indígenas em relação ao Estado, mas que, posteriormente, reconhece que toda vez que o congresso americano quiser decidir, ele não pode ser regulado ou controlado pelo Judiciário: estabeleceu-se, então, o poder de "extinguir terras indígenas". Desse julgamento até os dias de hoje, você teve um decréscimo nos direitos indígenas em relação às demais minorias.

Da população negra *você* tem um julgamento recente, que é o da década de 1950 nos Estados Unidos. Depois, *você* tem o movimento pelos direitos civis nas décadas de 1960 e de 1970, além das ações afirmativas. Em relação à população negra, *você* teve claramente uma evolução na proteção de direitos humanos. Sobre a população indígena dos Estados Unidos, *você* teve, levando do ponto de vista constitucional, uma situação oposta.

Tem, por exemplo, o livro do ministro Gilmar Mendes, no qual ele faz a defesado Parque Nacional do Xingu e, depois, a mesma pessoa já falou que os indígenas têm que se submeter ao *marco temporal*. É a mesma pessoa. A mesma pessoa que falou que os indígenas têm direitos... Mas o que eu quero dizer é o seguinte: nós temos uma legislação que, de forma muito clara, acaba por estabelecer tratamentos diferenciados sobre os direitos humanos.

Sobre a *justiça de transição*. Como a gente consegue não categorizar os dois casos? Primeiro caso: eu tenho, aqui, uma pessoa que foi torturada e entrou na Justiça para que tivesse uma reparação econômica. Houve uma alegação de que "não", pois teria que ter entrado cinco anos após a tortura. Mas como iria entrar? Foi torturado em 1968, como iria entrar em 1973 com uma ação contra o governo militar dizendo que foi torturado?

Houve toda uma construção jurídica no Superior Tribunal de Justiça (STJ) de que crimes contra a humanidade não prescrevem. A partir do momento em que há um crime contra a humanidade, *você* não tem prescrição. É imprescritível. Fiz uma apresentação na Fundação Oswaldo Cruz (Fiocruz) e me recordei, durante a exposição, da fala da ministra Cármen Lúcia, que dizia mais ou menos assim, em outras palavras:

– O Estado falhou no dever de proteção dessas pessoas. É inadmissível que o Estado, agora, negue-se a indenizar essas pessoas.

Que é basicamente o dever de direitos humanos. O Estado tem o dever de respeitar, isto é, ele não pode ser um violador de direitos humanos. Tem, por consequência, o dever de proteger e tem o dever de garantir. Ou seja, que os direitos humanos sejam exercidos.

No caso das reservas indígenas, nós temos casos de deslocamentos forçados. Porque as reservas são formadas, historicamente, por meio de deslocamentos forçados: ninguém nega isso. Nos Estados Unidos você teve a "marcha" dos Cheyenne, que foram deslocados de maneira forçada, do leste para o oeste do território – a Trilha das Lágrimas. Aqui nós temos várias *marchas das lágrimas*, porque essas reservas não são territórios tradicionais ou originais.

Uma coisa é a ignorância do ponto de vista de setores da sociedade, outra é *você* ter um julgado que diz que não há dúvidas que as populações foram removidas de maneira forçada, "mas...". Como assim? Vamos tirar a remoção forçada! Vamos pensar nessa mesma fala com relação à tortura: "Não há qualquer dúvida que a pessoa foi torturada, mas como ela não pleiteou na época devida a sua reparação, infelizmente não posso reparar...". Num julgamento dos povos indígenas, claramente tem lá: "Remoção forçada." Há provas de que foram removidos de maneira forçada, mas se diz: "Como eles não pleitearam seus direitos, e como não estavam em 1988 na posse da área, obviamente não têm mais direitos." Essa é a tese do marco temporal, que desconsidera que remoção forçada e tortura estão no mesmo art. 7º do Estatuto de Roma. Mas, para os indígenas, *eles não são crimes contra a humanidade*. Não são! São uma coisa menor, uma coisa simbólica... A mesma ministra que diz que o Estado tem o dever de proteger, que o Estado falhou... mas o Estado não falhou com essas pessoas? O Estado não falhou com pessoas que eram tuteladas pelo próprio Estado? Que tutor sou *eu* (no caso, o Estado), que permito que tutelados sejam expulsos, que sejam estuprados?

Tenho um vídeo de um antigo servidor da Funai que faleceu – pessoas morrem sem ver reparação no Brasil! – em que ele diz:

– Minha mãe foi estuprada na minha frente e, depois, nós andamos de Guyraroká até Dourados, 60 km a pé...

Faça um exercício. Transponha isso para Copacabana, no Rio de Janeiro. Pense em um prédio em Copacabana onde alguém tenha estuprado pessoas e faça com que elas andem por 100 km a pé... Teria filme... teria livro... teria monumento... teria dia comemorativo... Em relação aos indígenas, o que *você* tem é:

– Infelizmente não podemos atender às suas demandas.

Porque, segundo essa mentalidade, são cidadãos de segunda classe. *Você* vai ter todo um contorcionismo jurídico para negar direitos. É uma justiça parcial como a justiça norte-americana... O Estado é racista...

* * *

Há uma categoria muito interessante sobre o racismo, que é o *racismo recreativo*. Existe um livro muito interessante do professor Adilson José Moreira. São *projetos raciais*, projetos de dominação. Esses projetos podem ou não ser facilmente exercidos. Então, o que *você* tem com a população negra é uma dificuldade de implementação muito evidente, ainda que historicamente nós tenhamos a tragédia da escravidão de pessoas oriundas do continente africano. Mas a maior parte da população é negra e, por isso, *você* não pode fazer algo como aquilo que ocorreu nos Estados Unidos: linchamentos em série.

A partir do momento em que a população branca, brasileira, começasse a fazer linchamentos em série, é óbvio que a maior parte da população teria uma relação muito parecida. Historicamente, isso sempre foi um temor: que nós tivéssemos a "etnização", que nós tivéssemos uma "nova Revolução Haitiana no Brasil". De alguma forma, essa relação com a população negra foi sempre um projeto de dominação.

Há uma questão que pode ser colocada, que foi o morticínio da população negra. Houve encarceramento em massa! Mas esses projetos, especialmente quando comparados com os Estados Unidos, ainda são projetos incompletos. De onde vem essa capacidade de resistência? Vem de uma classe política negra, de uma classe econômica negra, de uma classe de ativistas – toda uma rede de institutos e de organizações – que se opõem de forma muito contundente à implantação desse projeto.

No Brasil o projeto tem dificuldade em ser executado por conta dessas variáveis. Mas, em relação aos povos indígenas, esse *projeto racial* é muitíssimo bem executado! Muitíssimo bem executado! Por quê? Porque *você* não tem organizações com capacidade de se opor a esse modelo. Não há organizações suficientemente organizadas que conseguem empoderar pessoas para se colocarem contrárias a esse *projeto racial*. Não tem isso! Não existem políticos engajados com a causa indígena, embora, atualmente, tem uma deputada federal – que é a Joenia Wapichana. No plano local, tem um vereador em Caarapó, tem um vereador em Tacuru, tem um vereador em Itaporã. Então, não há uma classe econômica indígena que de alguma forma se opõe a isso.

Quando faço essa comparação entre os negros e os indígenas, alguém sempre me pergunta sobre a atuação das polícias nas favelas. É que, a rigor, a situação é muito mais complexa… Não posso afirmar sempre, com base em provas, que haja intenção de matar aquela pessoa pelo fato de ela ser negra, que ela tem intenção de matar em razão do estigma social da outra pessoa e por causa do famoso "estereótipo do bandido".

Lembro-me, até, que uma juíza argumentou assim:

– É, mas aquela pessoa nem parecia ladrão… Ela era uma pessoa loira, dos olhos azuis.

Porque o estereótipo do bandido requer que a pessoa seja negra. Então já tem esse estigma colocado. Agora, matam-se pessoas, no Brasil, pelo fato de elas serem indígenas! Do ponto de vista jurídico, eu posso falar em *genocídio indígena*, porque as pessoas são mortas pelo fato de serem indígenas. Se elas não fossem indígenas, não seriam mortas.

É até interessante porque existe uma conexão com a Austrália. Tem um autor que eu gosto – que é o Patrick Wolfe. Ele tem uma tese muito interessante sobre o *genocídio* australiano. É interessante porque ele mostra essa diferenciação: em relação à população negra: o que eu sou? Quem é negro? O que eu tenho com essa pessoa que é negra, em todos os seus aspectos, até a *terceira* e *quarta* geração? Tenho uma relação de propriedade. Ou seja, a pessoa é negra, seu filho é negro, seu neto é negro... são todos negros. Porque se quer estender o período de propriedade o máximo possível. Então se faz essa construção racial porque quero que a minha propriedade seja estendida o máximo possível.

Em relação aos indígenas, é o contrário! É muito comum a existência do mestiço... A partir do momento que alguém é mestiço, não tem, segundo essa percepção, mais direito ao território. É ao contrário. É possível ver como se lida com problemáticas indígenas e negras de formas diferentes. O que os indígenas precisam fazer para impedir o *desenvolvimento* ou o *progresso*? Ele não tem que ir para a rua, não tem que fazer nenhum ativismo, não tem que ser militante... ele tem que permanecer onde está! Ficar onde está! A partir do momento em que ele permanece onde está, dizem:

– Opa! Você está atrapalhando o meu projeto de *desenvolvimento*.

Há um projeto de violência. Mas há também um projeto de *deslegitimação*:

– Você não é indígena!

Alguém pode perguntar:

– Ué, mas não é só ter "uma gota" de sangue para ser negro? Como que, para ser indígena, tem que ter 100% ou 101%? E, se tiver 99%, não serve?

Não serve! Esse projeto, no Brasil, é muitíssimo melhor executado. Efetivamente, se a gente pode falar de *genocídio* – entre os povos indígenas, claro – não do ponto de vista teórico, mas do ponto de vista jurídico... os dois *genocídios* que ocorreram com os povos indígenas: o *genocídio* do povo *Yanomami*, o Massacre de *Haximu*, e, de outro lado, o *genocídio* contra os

Ticuna, que é o Massacre do Capacete. As pessoas foram mortas porque elas eram indígenas!

Ainda tem essa questão da retirada de crianças lá, nos Estados Unidos, em 1978, que foi considerado como *genocídio*. Porque consta: "Retirada forçada de crianças de um grupo…"

E algumas pessoas ainda dizem:

– Não… mas a coitadinha da criança não tinha condições de morar onde morava. Naquela miséria!

Mas espere… A pessoa está retirando uma criança do grupo. Qual é a intenção? Porque gosta da criança ou porque não gosta do grupo? Ou porque sabe que, retirando a criança daquele grupo, em algum momento ele vai deixar de existir?

Logo se vê que são projetos raciais diferentes e que, por causa da ausência de oposição, existem execuções diferenciadas. Além de que esse projeto racial tem formas de implementação mais exitosas em relação à população indígena do que quando se trata da população negra, ainda que se tenha a morte em série de negros e negras pela polícia no Brasil.

* * *

O grande problema das reservas indígenas, fora o aspecto histórico, é que uma transição constitucional não ocorreu na prática. Ocorreu, por parte dos povos originários, uma submissão à tutela até 1988 e uma concentração dos serviços públicos no âmbito da Funai. Então, a Funai desempenhou funções que supostamente seriam funções do Estado. Isso implicou nas áreas de educação, saúde… apoio à agricultura, apoio à geração de renda… todas essas atividades eram concentradas na Funai.

Após 1988, houve esse famoso rompimento do paradigma integracionista que, na prática, não ocorreu… Até 2013, a Funai afirmava, no seu regimento, que tutelava os indígenas. Havia a tutela com previsão normativa, inclusive, a despeito da Constituição. Não houve, portanto, uma transição adequada. Mas tinha que ter havido uma mudança constitucional. Essa mudança não se refletiu no dia a dia das comunidades indígenas.

Por outro lado, um aspecto muito recorrente nas comunidades indígenas é que os indígenas veem os serviços públicos de forma muito incipiente. Eles só são vistos como *cidadãos plenos* no processo eleitoral em que são notados nas falas. No processo eleitoral os candidatos a vereadores vão lá, os deputados vão lá... mas, fora desses períodos, eles são vistos como "cidadãos federais": como se só o governo federal tivesse responsabilidade em relação a eles.

Isso faz com que se tenha uma deficiência grande na prestação de serviços públicos. Obviamente, relacionando-se isso e o *racismo*, além da *indiferença hostil – você* tem, na verdade, uma necessidade maior de atenção às necessidades dessas comunidades.

* * *

Nós fizemos a apuração sobre a morte de uma adolescente indígena em função da recusa de atendimento do Serviço de Atendimento Móvel de Urgência (Samu). É algo muito interessante, porque as perguntas eram feitas da seguinte forma:

– Qual é o limite do atendimento do Samu?

– Não, o Samu pode atender até 50 km, mas, em alguns casos, nós já atendemos em até 100 km... em Ponta Porã.

– Vocês atendem em locais de difícil acesso?

– Atendemos!

– Vocês atendem em áreas rurais?

– Atendemos!

– Vocês atendem em vias não pavimentadas?

– Atendemos!

– E vocês atendem a comunidade indígena?

– Não, não atendemos.

– Mas por quê?

– Porque lá é uma via de difícil acesso.

– Mas vocês não atendem em vias de difícil acesso?

– Sim, atendemos. Mas lá é fora do perímetro urbano.

– Mas vocês não atendem em vias localizadas em até 50 km?

– É... mas lá é diferente.

– Qual é o protocolo quando se tem tiro?

– Quando tem tiro nós chamamos a polícia, e, assim que a área está segura, nós atendemos.

– Já teve algum caso em que houve tiroteio e vocês não atenderam?

– Não, nunca!

– E na aldeia?

– Ah, na aldeia a gente não tem segurança para atender.

Na verdade, é algo muito característico do racismo. E, na verdade, a discriminação não tem uma justificativa racional. É algo parecido com aquela fábula do lobo e do cordeiro. A pessoa vai achando justificativas para uma decisão já tomada, que é uma decisão de não atender... porque a pessoa entende que se trata de um *ser inferior* que não merece atendimento. Então ela vai construindo um mecanismo de justificação e, talvez, aquele processo de *dissonância cognitiva*, que é muito característico do racismo brasileiro.

Quanto ao racismo brasileiro, entendo que existe um *racismo sem racistas*. Isto é, *você* tem atos racistas, ou atos discriminatórios, mas você não tem pessoas que se entendem enquanto seres discriminadores ou seres preconceituosos.

É mais ou menos assim:

– Racismo é uma coisa absurda. Eu não sou racista! Isso aqui é algo que a gente faz com qualquer pessoa...

Qualquer pessoa? Qualquer pessoa que seja indígena, qualquer pessoa que seja negra. Obviamente esse comportamento não ocorreria com uma pessoa que fosse branca. Esse é um quadro muito clássico de racismo. Em relação à segurança pública, também, nós tivemos diversas ações, porque havia uma recusa no atendimento, com justificativas muito próximas... Dizem:

– Não... porque lá é uma área difícil. É área federal!

– Ué, mas quando tem assalto na Caixa Econômica Federal... não é a Polícia Federal que atende à ocorrência, é a Polícia Militar.

A Polícia Militar tem que atender toda e qualquer ocorrência, e, na verdade, não há essa federalização do atendimento. Até porque a PF não é uma polícia ostensiva, mas judiciária – em semelhança da Polícia Civil. Não tem, portanto, essa função de fazer atendimento de ocorrências de rua, o que, na realidade, tem que ser feito pelo Estado. O que se tem é outro problema, que é a homogeneização do termo *indígena*.

Tem um texto de uma ativista indígena, agora não me recordo o nome dela, que diz que o termo *indígena*, a rigor, nunca foi ouvido nas Américas antes da chegada dos colonizadores. É um contrassenso que, hoje, todos esses povos, que têm denominações étnicas próprias, precisem ainda se denominarem *indígenas* para serem reconhecidos. Ou seja, tem de se submeter a um termo do colonizador para que se possa, de alguma forma, obter migalhas que a colonialidade vai lhe dar.

Esse termo homogeneizador faz com que se tenham soluções. Eu tenho algumas reservas ao Darcy Ribeiro por conta de algumas questões, especialmente relacionadas ao Parque Nacional do Xingu, mas ele (tem até um filme chamado *Terra dos Índios*, do Zelito Viana) fala que o Brasil deveria ter um ministério de relações interiores. Porque você tem uma diversidade. A diversidade acaba refletindo nas políticas de Estado, portanto.

A própria Funai tem uma política *homogeneizadora* dos povos indígenas. Ela não tem uma política diferenciadora. A mesma política que ela faz para os *Tukano*, ela faz para os *Fulni-ô* ou ela faz para os *Kaiowa* e *Guarani*. Só que são povos totalmente diferentes, com necessidades diferentes, com formas de entender o mundo diferentes. Essa própria ideia de que todos os povos são agricultores é bastante equivocada.

Isso faz com que existam tratamentos equivocados, porque a polícia não vai aos *Parakanã*, que ficam a uma hora de voo de Altamira, no Pará. Os *Parakanã* sempre estiveram naquela área, o que fez com que eles tivessem mecanismos internos muito conservados de redução de conflitos. Algo totalmente diferente de uma reserva indígena, que é um campo de deslocados internos em que essas pessoas foram removidas para lá.

A partir do momento que se remove uma comunidade, é óbvio que também se afeta aquela mesma comunidade de uma forma muito grave. Desde a sua relação social, a forma como se organiza, a forma como lida com seus conflitos… Isso fez que a violência dentro da comunidade indígena fosse algo presente desde o início. Se se pega os microfilmes da Funai, é possível constatar que a violência é uma presença constante justamente por conta desse processo desestabilizador criado em razão dessas remoções.

Sempre se fez uma política absolutamente colonial de controle. Também é importante colocar isso, que essa relação que a gente tem com os povos indígenas é uma relação colonial. Quando a gente fala de colonial, a gente não está falando do ponto de vista retórico ou de períodos históricos anteriores, a gente está falando do ponto de vista da teoria e do universo jurídico. O que caracteriza uma colônia, por exemplo, é que se tem mecanismos internos muito rígidos, muito conservados, de avanço.

Em semelhança ao sistema colonial francês, o Serviço de Proteção ao Índio tinha um estatuto muito próximo em termos de procedimentos. O SPI criou uma série de punições, como aquelas que alimentaram o Reformatório Krenak, que era um dos locais para onde essas populações eram removidas, mas existiam outros. Havia também muitos *Kaiowa* e *Guarani,* alguns até voltaram por punições dos chefes do posto.

Esse sistema de segurança tem que ser adequado às comunidades indígenas. Vamos tomar como exemplo a experiência da polícia chilena com os *Mapuche...* Os indígenas *Mapuche* têm uma polícia que funciona bem e nós poderíamos ver como eles fizeram lá e, quem sabe, trazer essa experiência para cá.

* * *

Outro aspecto complicado a ser considerado é aquela história do *preconceito do aliado* – que faz parte da defesa de muitos defensores dos povos indígenas –, em que se diz:

– Eu sei o que é melhor para você. Você não sabe, mas eu sei o que é melhor para você.

Ou seja, ainda há uma dificuldade muito grande de lidar com a autonomia das populações indígenas. Quando se tem a Convenção nº 169 da OIT sobre Povos Indígenas e Tribais, as pessoas gostam muito do art. 6º – que é o artigo que estabelece a consulta – ou dos arts. 13 e 14, que lidam sobre terras. E a pessoa vai interpretando a Convenção nº 169 "aos saltos", vai lendo aquilo que interessa ou aquilo que está dentro da sua concepção de povos indígenas.

Na verdade, trata-se de um instrumento normativo todo. Tem o art. 7º, que diz sobre *desenvolvimento,* não é? Então, o que seria *desenvolvimento* para os povos indígenas? É aquilo que *eles* entendem como *desenvolvimento,* e não o que *eu* entendo como *desenvolvimento.*

Há certa visão romântica:

– Não, os indígenas têm que ficar, aqui, nesse lugar... É do jeito que acho que eles têm que ficar...

Eles têm que ficar do jeito que eles entendem que têm que ficar. Esse processo de autonomia dos povos indígenas é um processo ainda muito complicado de se dialogar no Brasil, em que as instituições têm os seus feudos. Um dos feudos, tanto de instituições públicas quanto de ONGs, é essa "tutela paralela" em relação aos povos indígenas.

É necessário que a gente entenda que a autonomia é o elemento fundamental, de qualquer sujeito; os indígenas, com base na Constituição, são autônomos e não têm que depender da Funai, não têm que depender do Ministério Público, não têm que depender de ninguém. Eles têm que fazer a própria gestão de recursos, fazer a gestão dos seus processos. Nós temos que respeitá-los como iguais, que é um processo muito difícil e que está muito dentro dessa discussão que se coloca no caso da etnia *Pareci* em relação à soja.

Mas o governo diz:

– Esse é um modelo para todos os povos indígenas.

Não, é um modelo que deu certo para a etnia *Pareci*. Como você sabe que vai dar certo para todos os outros povos?

Daí aparecem os defensores:

– Não, isso é um absurdo… O cara plantar soja, como eles vão plantar soja?

Mas por que eles não podem plantar soja? Se a comunidade decidiu de forma autônoma, de forma consensual, dentro dos seus mecanismos tradicionais de produção, e houve diálogo com todos, é porque eles entenderam que esse modelo se aplica à sociedade deles. Então, por que eu, que não tenho esses elementos, vou criticar?

Agora, o que não se pode fazer é adotar o modelo *Pareci* de produção de soja para todos os demais povos indígenas. Depois, alguns dos próprios defensores dos povos indígenas usam o exemplo do Raoni, da etnia *Kayapó*, ou de outros indígenas das demais comunidades, e falam:

– Nós não queremos esse modelo.

Claro, a pessoa não quer um padrão do indígena homogêneo para a etnia *Kayapó* a que pertence, e isso é um direito. Então, o que tem que ser respeitado, justamente, são essas individualidades. A singularidade das comunidades, da gestão plena dos seus processos – sem que nós façamos as escolhas e decidamos o que entendemos como melhor para as comunidades.

* * *

Tem aquela música do Titãs: *Nome aos bois*. Quando o chefe do governo estabelece que não vai demarcar, que não vai cumprir um dever constitucional... e isso, de alguma forma, é implementado por atitudes concretas como nós estamos verificando nas ações da Funai e em geral. Que são ações de negação de atendimento de povos isolados, de desmonte da proteção aos povos isolados, de determinação de não visita de áreas em estudo para demarcação.

O que nós temos, efetivamente, é uma ação do governo que leva à denegação dos direitos constitucionais para determinada parcela da população e por motivos étnicos. Isso é crime de perseguição, crime contra a humanidade caracterizado pelo Estatuto de Roma. É importante que as autoridades estatais entendam que não estão indefesas à responsabilização criminal, que as ações têm consequências jurídicas. Não se pode privilegiar uma categoria econômica – que é a do agronegócio – em favor da supressão total de direitos constitucionais das populações indígenas.

O que se tem é algo muito diferente – de gueto, daquela ideia do gueto. Na verdade, Gueto é aquela ilha em Veneza onde as populações eram colocadas lá simplesmente... É interessante você constatar *O mercador de Veneza*, do Shakespeare: nós não podemos fazer um mercador de Veneza no século XXI, ou seja, fazer uma denegação de direitos explícitos de uma determinada população por motivos de origem ou algo muito semelhante ao que foi feito no nazismo.

Em relação aos povos indígenas no Mato Grosso do Sul, é importante também se colocar que ambos os lados têm razão: os produtores rurais têm razão, porque receberam títulos do governo. Esses títulos foram recebidos por parte do próprio governo federal (que tinha o SPI na época) e deu títulos que diziam respeito ao mesmo território. Faz-se necessário pensar num dispositivo que permita indenização aos proprietários durante um processo de demarcação das terras indígenas.

Muitas vezes eram títulos contrários a laudos e estudos que o próprio órgão havia estabelecido. Um caso clássico é o da Colônia Nacional Agrícola de Dourados, em que o SPI impulsionou muitas vezes os "conflitos" entre colonos e indígenas. Qual "conflito"? O "conflito", como eu disse antes, é o indígena estar onde está: houve vários episódios de atuação da polícia indígena com prisão de "lideranças" que estavam "importunando" os colonos.

* * *

O escritório de prevenção de *genocídio* da ONU criou uma ferramenta chamada de *prevenção a crimes atrozes*. Ele estabeleceu, ainda que, na verdade, isso não seja uma equação matemática (a presença de determinados fatores vai resultar em determinado produto), pode-se dizer que, todas as vezes em que houve crimes atrozes, existiu a presença desses fatores.

Por exemplo, *você* tem falhas em mecanismos de transição. Todo esse processo histórico sobre o qual estamos conversando é invisível para uma parte das pessoas. Uma parte das pessoas simplesmente desconhece esse tema. Nem sempre é uma questão de *memória* ou de *verdade*, mas de estabelecimento de mecanismos de *punição* dessas pessoas que cometeram essas violações. Ninguém foi punido.

A partir do momento em que não há punição, há a percepção de que esse comportamento é aceito. Qual é a tendência? A tendência é que esse crime venha a se repetir. Tivemos um caso em Caarapó, em 2016. Ele é semelhante a um caso que ocorreu, em Laguna Carapã, no ano de 2005. A mesma coisa: pessoas, de dia, atirando nas populações indígenas como se fossem alvos humanos com a conivência – no caso de 2005 – das forças policiais que foram reportadas como presentes. Não houve punição. Lembro-me de que participei dessa oitiva, mas demorou-se tanto tempo para fazer a instrução desse processo que ficou prejudicado…

Nesse caso, existem dois aspectos. *Primeiro*, tem o aspecto do *acesso ao nosso sistema de justiça*, porque há uma resistência do Judiciário em reconhecer o direito dessas populações. Então me lembro de que tive que insistir para que essa pessoa fosse ouvida na própria língua, e há uma dificuldade do Judiciário de entender termos ou de entender a linguagem da população indígena.

Houve toda uma impaciência para se ouvir as vítimas, porque se passou tanto tempo que elas sequer se recordavam de todos os detalhes. As perguntas que nós fazemos – o que muitas vezes é um erro – são perguntas que partem de uma estrutura criminal.

Basicamente, nós fazemos as perguntas na sequência:

– O senhor estava lá nesse dia?
– Você chegou?
– Ocorreu?
– Levou um tiro?

Essa sequência de perguntas que nós fazemos – em sequência cronológica – leva a vítima a responder às vezes:

– Não, não, não...
– Eu nunca estive nessa fazenda.

Daí a gente insiste:

– Mas você não estava nesse dia?
– Não, não estava. Nunca estive nessa fazenda.
– Mas você não estava nela nesse dia?
– Não estava.
– Mas o senhor não levou um tiro?
– Levei...
– Então como o senhor levou um tiro?
– Eu levei um tiro porque estava voltando para o *Tekoha*.
– Então você chegou ao *Tekoha*?
– Cheguei...

Até a forma de a gente fazer a referência à fazenda, aos proprietários rurais – usando palavras, digamos, coloniais – para fazer esse tipo de abordagem com as vítimas. Essa audiência seria muito interessante para se discutir várias coisas, entre elas memória e esse direito dos povos indígenas à própria língua.

* * *

Quando se fala em reconciliação, penso no modelo canadense. Quando se faz uma comissão da verdade, é preciso ter a participação indígena não apenas formal, mas real nesse processo. A crítica, lá no Canadá, foi por pacote, isto é:

– Nós vamos reconhecer "essas" violações e estamos quites. Vamos nos reconciliar.

Mas há muitas outras violações que não estavam naquele pacote. A crítica que eu faço à Comissão Nacional da Verdade (CNV), no Brasil, do ponto de vista indígena, é que o anexo é ficcional. Está lá: "Esse anexo é responsabilidade exclusiva dos seus autores." Não é reconhecido, assim como os outros anexos.

Reconhecida juridicamente é a primeira parte do relatório. De quem você tem as fotos, ali? Se *você* olhar as fotos, você verá que são da classe média branca. *Você* terá uma ou duas fotos de lideranças camponesas em 400 outras que foram identificadas.

É um termo muito forte, mas é possível dizer que se trate quase que de uma *comissão burguesa da verdade*. Não há realmente um trabalho em torno de todas as pessoas que foram violadas. Esse é o ponto em relação aos povos indígenas, aos movimentos sociais e aos trabalhadores rurais – é que essas pessoas permanecem sem serem ouvidas até hoje.

É diferente daquelas pessoas que transicionaram; que antes faziam parte da oposição e hoje fazem parte de determinada situação política. Essas pessoas, trabalhadores rurais, povos indígenas, continuaram sem acesso às políticas, sem acesso à visibilidade econômica. Estão lá atrás e permanecem atrás até hoje. Só se evita isso com visibilidade, responsabilização de agentes implicados no processo e justiça transicional eficiente.

RACISMOS À MODA DA CASA

> *"A gente não nasce negro, a gente se torna negro. É uma conquista dura, cruel e que se desenvolve pela vida da gente afora. Aí entra a questão da identidade que você vai construindo. Essa identidade negra não é uma coisa pronta, acabada. Então, para mim, uma pessoa negra que tem consciência de sua negritude está na luta contra o racismo."*
>
> Lélia de Almeida Gonzalez

De início, Marco Antonio falou sobre as estruturas duráveis do racismo brasileiro. Sob feições da escravização de seres humanos e da colonialidade, a problemática do racismo estruturado adquiriu contornos trágicos.[5] Tais contornos não ocultaram, na história lida, atitudes e retóricas racistas aos poucos desentranhadas. Marco Antonio analisou parte da estrutura racista no país a partir de episódios específicos, das *comunidades* negra e indígena, assim como da defesa de direitos.[6] Descendentes de seres humanos escravizados até o século XIX no Brasil, além de indígenas, sofrem *ad continuum* com a *memória machucada*. A história traumática da *situação colonial* impõe, por conseguinte, obstáculos à plena realização do bem-estar cotidiano de *comunidades,* ao mesmo tempo que faz lembrada a ancestralidade.

Em certo sentido, os racismos se estruturaram a partir da dominação de "minorias raciais", que instituíram sua cultura autocentrada em detrimento de maiorias fragilizadas por circunstâncias.[7] Se a busca pelo direito à *igualdade* deriva de longo percurso histórico no campo dos direitos, não é menos notável que o racismo desafie de igual forma a chamada *universalidade* dos direitos talhados na modernidade. Estruturas raciais postas em duração não foram revogadas pela chamada "abolição da escravatura" no apagar das luzes do Brasil Império. Tampouco ficaram restritas ao período de tráfico de seres humanos deslocados do continente africano pelo Atlântico Sul. Não bastasse serem resistentes e de difícil demolição, os racismos atravessaram memórias posicionadas por meio de valores estabelecidos na realidade brasileira.

Por essa razão, Ynaê Lopes dos Santos pôs à prova a chamada "mitologia nacional", segundo a qual o Brasil não é racista. Ainda que esse necessário questionamento precise do *zoom de câmera* que enfoque grupos e delimite melhor as redes, sua virtude é explicar que "a história do racismo no país é a própria história do Brasil".[8] Em história oral seria possível, ao ouvir grupos dimensionados e narrativas de pessoas que eclodem no ordinário, compreender em que medida cada ideário racista deriva da memória de grupos variados.[9] Seria possível, por outro prisma, dizer de histórias do Brasil ou memórias de brasileiros afetados. Na entrevista de Marco Antonio, pôde-se notar as gradações e as circunstâncias que explicaram múltiplas maneiras do racismo.

Para Silvio Luiz de Almeida, racismo é forma sistemática de discriminação que "tem a raça como fundamento, e que se manifesta por meio de práticas conscientes ou inconscientes que culminam em desvantagens ou privilégios para indivíduos, a depender do grupo racial ao qual pertençam".[10] Partindo-se do pressuposto basilar de que, em autores como Kabengele Munanga, o racismo depende do "postulado fundamental e crença na existência de 'raças' hierarquizadas dentro da espécie humana", sabe-se que no "pensamento da pessoa racista existem raças superiores e raças inferiores".[11] *Dizendo de si*, Marco Antonio logo se deu conta do racismo enfrentado, seja quando tentaram lhe desencorajar sobre o ingresso na Marinha do Brasil, seja quanto ao episódio em que, já na vida castrense, foi obstado de entrar na piscina com todos os outros aspirantes.

Do âmbito de atuação do entrevistado, André de Carvalho Ramos chama a atenção para os dispositivos constitucionais que visam proteger a *igualdade*, assim como para a legislação que procura resguardar a pessoa humana das formas de *preconceito racial* e de *discriminação racial*.[12] Não havendo *racismo reverso* – deixando-se o universo da *branquitude* –, os negros e os indígenas estão no centro de *projetos raciais* consolidados. Distintos, tais *projetos* têm variáveis, níveis de eficiência e fazem com que pessoas negras ou indígenas fiquem suscetíveis às ações criminosas, bem como às violações. Racismo é das formas mais eficientes de agressão àqueles que têm acometida a própria condição em face de discriminações, preconceitos e demais agressões; trata-se, conforme narrado, de ataques às coletividades negra e indígena, bem como às suas *comunidades* estilhaçadas pela *dor de ser* na realidade cruenta.

De seu *corpus* ao *corpus social*, entretanto, a *estruturação do racismo* se desloca da agressão aos direitos individuais da pessoa humana às suas formas institucional e estrutural. À medida que a modernidade se enfraquece e que seus institutos são colocados à prova, os coletivos referem ainda mais os impactos do racismo como reação ao fortalecimento comunitário. Em dialogia com Almeida, ainda, reconhece-se que, sendo o *racismo* fincado no solo da história descrita, decorre "da própria estrutura social, ou seja, do modo 'normal' com que se constituem as relações políticas, econômicas, jurídicas e até familiares, não sendo uma patologia social e nem um desarranjo institucional".[13] Convém verificá-lo por meio da elasticidade de seus postulados quando operam não mais somente ao longo do solene discurso histórico, mas em trajetórias e posturas determinadas.

Mesmo o *racismo institucional* pode ser analisado desde sua *estruturação*: "[...] as pessoas, quando vestem a toga, tornam-se juízes, promotores, elas não deixam o racismo no escaninho, na entrada do fórum". Essa expressão *estruturada* do racismo, na concepção do interlocutor, é identificada em detrimento de negras e de negros ou dos povos indígenas; ubíqua, está para além das Forças Armadas ou do Poder Judiciário. Advém da premissa de que "as instituições são racistas porque a sociedade é racista".[14] O narrador vai além. Para ele, sob o paradoxo tensionado entre a legislação e os bens jurídicos que se busca resguardar, o "Estado é racista".

A entrevista de Marco Antonio demonstra com vigor as assimetrias entre parcelas de pessoas brancas, negras e indígenas; vetores de memória não se limitam à paisagem de localidade única, seja avocando crimes como o assassinato de Dorothy Stang no Pará, seja sobre crimes

> Logo se vê que são projetos raciais diferentes e que, por causa da ausência de oposição, existem execuções diferenciadas. Além de que esse projeto racial tem formas de implementação mais exitosas em relação à população indígena do que quando se trata da população negra, ainda que se tenha a morte em série de negros e negras pela polícia no Brasil.
>
> Marco Antonio Delfino de Almeida

ocorridos contra povos *Kaiowa* e *Guarani* em Mato Grosso do Sul. Ao trazer comparações dificilmente imaginadas, como entre a Terra Indígena Guyraroká, em Caarapó, e Copacabana, no Rio de Janeiro; ao contrastar estereótipos e situações diferenciadas por países como o Brasil, a Austrália, o Canadá e os Estados Unidos, o narrador descortina o violento *projeto racial* embutido no *desenvolvimentismo*, na *deslegitimação* de indígenas.

Demonstrada a capilaridade do movimento negro – que segue o caminho da oposição ao racismo –, os indígenas, de outro modo, são ameaçados por *projetos* que não toleram miscigenações. De outro ângulo, nada obstante, Marco Antonio argumenta que negros são tidos como propriedades herdadas por gerações de brancos tributários do domínio escravista. O procurador da República nota que existem ataques programáticos às organizações social, cultural e territorial dos povos originários. Para Marco Antonio, os indígenas têm de *ser* o que *são*, *como são*, no *lugar* de *serem* indígenas – o antigo projeto de integração de indígenas à comunhão nacional fragmentava o ideal *étnico* e colocava em questão as reivindicações por demarcações de terras.

A defesa territorial é garantidora da organização tradicional, da preservação idiomática, mas, sobretudo, da própria existência *étnica* com capacidade reivindicatória. Conforme mostra Marco Antonio, a pureza racial exigida dos indígenas se constitui em armadilha. Opera certa estratégia de deslegitimação. Quando o indígena, pressionado por circunstâncias, desloca-se do coletivo e se fragmenta na sociedade, o ardil se revela na *fala* mal-intencionada: "Não são mais indígenas", "já se misturaram", ou, de forma jocosa, "são indígenas que usam celular". É evidente que o indígena pode ser da forma como decidir, respeitando-se, inclusive, parcelas que escolheram habitar nas cidades ou que foram impelidas à vida citadina.

Mesmo com a fragilidade dos argumentos há pouco mencionados, Marco Antonio considera que as permanências de grupos nos territórios são eficazes e que as demarcações realizam direitos dos povos indígenas. Percebe-se que as *comunidades étnicas* subsistem melhor juntas e que, então, as sobrevivências se fazem na medida em que o território ocupa lugar central à organização dos grupos. Ficar no lugar de *ser indígena* ou reivindicá-lo é, pois, alternativa de preservação da vida indígena e da viscosidade das *etnias*, em oposição aos interesses fundiários regidos pela "ideologia ruralista".[15]

Crítico da *justiça de transição* inacabada no país, o entrevistado compreende que, embora a tutela sobre os indígenas tenha sido abolida pelo *diploma constitucional* de 1988, a Funai e setores do poder público continuaram se comportando como se exercessem vigilância sobre as etnias. Os indígenas seriam, nesses moldes, como que "cidadãos de segunda classe", segundo disse o narrador. A *cidadania de baixa densidade* dos *Kaiowa* e *Guarani*, entre outras etnias, fez com que o projeto de autonomia conferido aos indígenas fosse colocado à prova com recorrência. A *homogeneização* e o essencialismo com que categorias mobilizam a expressão "índios" ou mesmo indígenas ensejam *absolutos inadequados* no trato dos povos originários.

A *falsa culpa* (que também apareceu em outras histórias) – de outra parte, opera nas *imputações tácitas ou explícitas de culpa ao sobrevivente* – é característica de violência psicológica, histórica, moral. Pode-se falar contra tal estado de coisas? Ora, sobre as vivências do entrevistado, partindo-se do comum de suas lembranças, a *fala* é aquela que segue o percurso do neologismo *desfragilizar*. O sobrevivente é agredido, mas reage perseguindo o fluxo da *comunidade de fala* que quer viver ou fazer viver. Ademais, a força dos laços teima em fazer costura na memória verbal das *comunidades*. Certa tendência histórica que fragiliza a narrativa negra, encerrando-a no estigma da *ideologia da vítima*, deixa de perceber sua organização social, sua estratégia e sua atuação arguta pró-sobrevivência.

Da mesma forma se diz quando o indígena luta pelo território e pela preservação de *ser*, de *estar* no horizonte do porvir imaginado desde agora. Defendendo-se, aqui, a escuta de *comunidades* negras e indígenas, importa mencionar Grada Kilomba, que garantiu: "grupos subalternos – colonizados – não têm sido vítimas passivas nem tampouco cúmplices voluntárias/os da dominação".[16] Se não for assim, a ilusão de que se dá voz às vítimas reitera o massacre baseado na passividade atribuída. Sentido oposto, há ecos perturbadores de pessoas e de grupos que insistem, incomodam e evidenciam estruturas duráveis por meio das próprias vidas.

INDIFERENÇA AGRESSORA

"tem pão velho?
Não, criança
Tem o pão que o diabo amassou
Tem sangue de índios nas ruas
E quando é noite
A lua geme aflita
Por seus filhos mortos."

Emmanuel Marinho

A partir de movimentos conhecidos como de "retomadas" dos territórios tradicionais, os indígenas *Kaiowa* e *Guarani* apresentam contestações ao renitente esbulho de suas terras e as reivindicam. Atualmente, grande parte desses indígenas no Mato Grosso do Sul vive *deslocada* de seus territórios sagrados. Exemplo maior de deslocamento forçado, a Reserva Indígena de Dourados foi criada pelo SPI. Sua criação, no "início do século XX, pelo Decreto Estadual 401 de 1917, com 3.600 hectares", ensejou ruptura com o *modus vivendi* da etnia *Kaiowa* e, depois, das etnias *Guarani* e *Teena*.[17]

Consta do documento *Situação dos direitos humanos no Brasil*, escrito pela CIDH, a realidade de aperto territorial "vivida pelos povos *Guarani* e *Kaiowá*". Na Reserva não há lugar para ser da mesma forma como os indígenas seriam no *Tekoha*, vivendo à sua maneira de plantar, de rezar, de se organizar. Vale dizer que a situação se dá apesar de o estado de Mato Grosso do Sul "corresponder à segunda maior população indígena do país", pois "80% de sua população vive em menos de 27 mil hectares há mais de 100 anos".[18]

Se os indígenas do Norte do país assistem à exploração ilegal de territórios tradicionais, os do Mato Grosso do Sul foram despejados dos seus lugares de origem. Por isso pressionam, amiúde, por demarcações de terras ao pagarem preço de sangue em confrontos fundiários. Como – em função de crimes e de lesões de direitos *comunitários* – se poderia desenvolver a tradicionalidade, os rituais e o plantio à maneira indígena? É certo que não se pode reduzir a vida de determinado povo ao recrudescimento, conquanto a Reserva seja o lar de milhares de pessoas: o sobrevivente do *cotidiano duro* outra vez se faz ouvir, ainda que em aperto, em carestia e sob graves ameaças.

Marco Antonio indicou, assim, a existência de delitos e de consequências do ambiente de ameaças à saúde, à segurança e à territorialidade indígena. Mais ainda, o entrevistado se referiu à importante categoria de *indiferença hostil*. Subjaz, nesse espectro, a denúncia de *deslocamentos forçados*, assim como as figuras do indígena como *inimigo* e, por outro lado, da *indiferença* mortífera.[19]

Se a Reserva é, por assim dizer, espaço propício para lutar apesar da dor de viver em aperto, não deixa de ser perímetro de esperanças esparramadas na medida em que os indígenas habitam o lugar. Tudo, porém, complica-se à medida que a área urbana se aproxima da Reserva. Mas a Reserva – sua população –, ao se aproximar esfomeada dos bairros nobres de Dourados, nem sempre é notada, atendida ou mesmo considerada. Adverte-se que, no caso dos habitantes da Reserva, a indiferença sofrida não é só de paisagem urbana. A exploração agropecuária sobressai no sul de Mato Grosso do Sul, o que faz pensar: para parte dos produtores rurais, o preço da soja chama mais a atenção do que o preço humanitário da *indiferença* descrita pelo entrevistado?

Há que se falar do trágico, porém. Marco Antonio não o evita ao descrever as condições da vida indígena a partir de sua chave analítica precípua: *os direitos das gentes*. Mas quais direitos? O narrador *fala* não de direito etéreo, frio, oriundo do *burguesismo* moderno – embora não dispense de forma alguma o chamado direito posto. Fala o entrevistado, ainda que com outras palavras, de direito vagueador, encarnado; ao mesmo tempo protegido. No entanto, proliferam-se as notícias de indígenas sem condições do mínimo, submetidos aos distúrbios sociais que grassam em miséria, alcoolismo, tráfico de entorpecentes e degradação do material elementar à(s) história(s): a *vida*.

A crítica da ex-vice-procuradora-geral da República Deborah Duprat à morosidade na demarcação das terras indígenas ganhou parte do noticiário brasileiro. Ao tratar da Reserva, ela não poupou: "A reserva de Dourados é talvez a maior tragédia conhecida na questão indígena em todo o mundo." Essa frase, dita entre outras, adquiriu ênfase em páginas dedicadas ao tema. De igual forma, a recorrência do suicídio indígena que atraiu a atenção de Deborah Duprat foi assunto tratado por Meihy e, há pouco, por Lucas Maceno Sales.[20]

Nas palavras de um líder *Guarani* entrevistado, Algemiro de Souza, a Reserva atende à metáfora da "bomba-relógio armada e prestes a explodir". Tracejando diferenças elementares e enfrentando

> Eu até escrevi que na Reserva Indígena de Dourados você tem o cenário de *indiferença hostil* – em que as pessoas simplesmente não se importam – ou, então, o cenário de racismo. Fica entre o racismo e a *indiferença hostil*, que é o que temos para as etnias *Kaiowa*, *Guarani* e *Terena*.
>
> É muito comum, e é relacionado à inexistência de uma justiça de transição, um cenário de perpetuação de violações. Se você não tiver a *verdade*, a *memória*, a *reparação* e a *não repetição*, certamente se vai repetir todo aquele horror.
>
> Marco Antonio Delfino de Almeida

questões puxadas aos poucos, a narrativa do interlocutor convergiu com os dizeres de Deborah Duprat. Resultado da *indiferença hostil* dita por Marco Antonio, morre-se por agressões diretas, sim, mas também se morre por meio da negligência governamental. Assim, não só a ação, mas a *inação naturalizada* tem aptidão de dilacerar grupos inteiros.

Tendo mencionado a obra de Yehuda Bauer e o documentário *Protocolo de Auschwitz*, transmitido pela BBC, Marco Antonio deu exemplo do que considerou *indiferença* dos Aliados em relação aos judeus durante a Segunda Guerra Mundial. Fazendo verdadeiro ensaio de possibilidades, o entrevistado disse que os Aliados poderiam ter traçado planos e estratégias militares para resgatar os judeus antes de o massacre se completar, mas não o fizeram. Sem guardar, por lógico, quaisquer simetrias entre nazismo, holocausto e degradação humana na Reserva, o narrador destacou: "Na Reserva Indígena de Dourados você tem o cenário de *indiferença hostil* – em que as pessoas simplesmente não importam".

Há de se notar que os *direitos* dos povos indígenas permanecem intactos na Carta da República. O caráter programático de tais *direitos comunitários* implica proteção, autonomia e demarcação de terras. Ao contrário disso, Marco Antonio falou tanto em uma espécie de tutela indígena continuada mesmo com a Constituição de 1988 quanto na incidência de crime de *genocídio* contra povos indígenas.[21] O motivo? Segundo o entrevistado, não houve *justiça transicional* adequada para os povos indígenas; tampouco a Comissão Nacional da Verdade (2012-2014) foi eficiente para tratar a questão indígena.

Os debates sobre *crimes de genocídio* suscitam acaloradas discussões entre juristas, tendo por certo de que a *Convenção para a Prevenção e a Repressão do Crime de Genocídio* é um diploma internacional promulgado no Brasil em 15 de abril de 1952.[22] Conforme o art. 2º dessa Convenção, o genocídio "consiste na prática de quaisquer atos, cometidos com a intenção de *destruir*, no *todo* ou em *parte*, um *grupo nacional, étnico, racial* ou *religioso*". Ora vinculado aos requisitos básicos do *tipo penal*, ora à necessidade indispensável do "dolo específico de destruir, em todo ou em parte, o grupo nacional, étnico, racial ou religioso", existem grandes entraves quanto ao conjunto de provas sobre as intenções de agentes que teriam no horizonte o extermínio de parcelas humanas.[23] Os crimes de genocídio devem ser julgados, à luz do Estatuto de Roma, pelo Estado onde teriam ocorrido ou pelo Tribunal Penal Internacional (TPI).

Destacados os calorosos debates no campo da proteção aos *direitos*, cumpre ressaltar a compreensão do narrador – que é a mesma do MPF – ao mencionar o Massacre de *Haximu* contra a etnia *Yanomami* e o Massacre do

Capacete contra a etnia *Ticuna*: "As pessoas foram mortas porque eram indígenas!" Ambos os casos, guardadas as peculiaridades, foram considerados *crimes de genocídio*. Em Mato Grosso do Sul, entre as etnias *Kaiowa*, *Guarani* e *Terena*, a alternativa tem sido viver em *comunidade* que busca autopreservação. É certo que membros de *comunidades étnicas* são alvos constantes de setores refratários às suas pautas *vitais* – entre outras, os territórios sagrados, a espiritualidade cultivada e a subsistência por meio do plantio tradicional. Ainda que sob ataque, atraem pelo *ritual* da vida em sobrevivência às principais investidas ditas por Marco Antonio: a *indiferença e o racismo*.

As *fontes escritas* (no código do colonizador) não se impõem soberanas ao código oral das etnias sul-mato-grossenses. Porque a memória analisada tem primazia cultural nos sábios anciãos indígenas: superar a *indiferença* o quanto possível é tarefa difícil que, entretanto, não foi negligenciada pelos *Kaiowa*, *Guarani* e *Terena*. Nesse caso, a imponência da Palavra se faz notar: não se preserva o grupo sem *falar* memórias coletivas que dão razão de ser para o tempo das urgências.

Aliás, haveria outra forma de compreender as *comunidades étnicas* que não por meio da oralidade? Valorizando *documentos textuais* – sem criar quaisquer hierarquias documentais,[24] a *memória de expressão oral* é o eco sensível da causa indígena e a morada da Palavra. Sem que os indígenas sejam ouvidos, não há que considerá-los protagonistas pelo menos nas histórias do imediato envolvente. Os indígenas estão na pauta dos organismos internacionais pelo que são e representam, assim como porque contribuem na defesa do meio ambiente. Para Marco Antonio, essa é a pauta de uma vida inteira na proteção de *direitos* entendidos sempre na força do laço social.

Notas

[1] Sobre a expressão "ideologia ruralista", ver Thiago Leandro Vieira Cavalcante, ibid., 2016.

[2] Ver Luís Adorno, "Fraturas expostas", *UOL Notícias*, 13 abr. 2019, disponível em <https://noticias. uol.com.br/reportagens-especiais/um-dos-22-procuradores-negros-do-pais-defende-indigenas-de-uma-discriminacao-mais-grave-que-a-racial/>, acesso em 16 jan. 2022.

[3] Para leitores das ciências humanas e sociais, adverte-se que a palavra "ativismo" no mundo jurídico pode ter conotação diversa. Podendo ser inadequada, a expressão está ligada à proatividade abusiva, à extrapolação ou à interferência indevida por parte do juiz ou do procurador da República que se preocupa com a higidez do processo. Comumente, contudo, é empregada para qualificar magistrados que atendam a esse perfil.

[4] Brasil, Instituto de Pesquisa Econômica Aplicada, Ministério da Economia, *Atlas da Violência 2017*, Brasília, Ipea, 2017, p. 19.

[5] O termo *racismo estrutural* é terminologia empregada por Silvio Luiz de Almeida. Ao grafar *racismo estruturado* neste texto, quer-se remeter imediatamente ao seu caráter histórico (consolidado).

[6] A mais recente conquista em termos de *direitos humanos* foi a promulgação da Convenção Interamericana contra o Racismo, a Discriminação Racial e Formas Correlatas de Intolerância.

[7] Cf. Georges Balandier, "A noção de situação colonial", em *Cadernos de Campo*, São Paulo, n. 3, p. 128, 1993.

[8] Ynaê Lopes dos Santos, *Racismo brasileiro: uma história da formação do país*, São Paulo, Todavia, 2022.

[9] Maurice Halbwachs, op. cit.

[10] Silvio Luiz de Almeida, *O que é racismo estrutural?*, Belo Horizonte, Letramento, 2018, p. 25.

[11] Kabengele Munanga, *Negritude: usos e sentidos*, Belo Horizonte, Autêntica, 2019, p. 17.

[12] André de Carvalho Ramos, *Curso de Direitos Humanos*, São Paulo, Saraiva, 2021, pp. 675-93.

[13] Silvio Luiz de Almeida, op. cit., 2018, p. 28.

[14] Ibid., p. 36.

[15] Cf. Thiago Leandro Vieira Cavalcante, op. cit.

[16] Grada Kilomba, *Memórias da plantação: episódios de racismo cotidiano*, Rio de Janeiro, Cobogó, 2019, p. 49.

[17] Juliana Grasiéli Bueno Mota e Thiago Leandro Cavalcante, "Apresentação", *em Reserva Indígena de Dourados: histórias e desafios contemporâneos*, São Leopoldo, Karywa, 2019, p. 15.

[18] Comissão Interamericana de Direitos Humanos, op. cit., 2021, p. 34.

[19] Marco Antonio Delfino Almeida, "Reserva Indígena de Dourados: deslocados internos entre inimigos e/ou indiferentes", *em* Juliana Grasiéli Mota e Thiago Leandro Cavalcante, op. cit., p. 135.

[20] José Carlos Sebe Bom Meihy, *Canto de morte kaiowá: história oral de vida*, São Paulo, Loyola, 1991. Ver ainda Lucas Maceno Sales, *Memórias de suicídio guarani e kaiowa na Reserva Indígena de Dourados: história oral aplicada*, Dissertação (Mestrado em História), Universidade Federal da Grande Dourados, UFGD, Dourados, 2021.

[21] A Constituição Federal de 1988 aboliu a tutela dos povos indígenas.

[22] Também há a Lei Penal Especial nº 2.889, de 1º de outubro de 1956, que define e pune o crime de genocídio.

[23] Cf. André de Carvalho Ramos, op. cit., pp. 187-9.

[24] É de se notar, portanto, que o cruzamento de documentos (história oral híbrida) tem sido valioso em pesquisas de história oral entre os indígenas.

Márcia Aparecida Rodrigues

"Luto, então, demanda tempo e permite o trabalho que se dá no espaço. No espaço da relação com o outro, na partilha com os outros. O luto sempre tem uma dimensão íntima, daquele sofrimento que é só seu; uma dimensão privada, daquilo que circula nos próximos daquele que partiu; e uma dimensão pública, de reconhecimento daquela perda e do valor de quem morreu."

Maria Homem

ESPERANÇAS POSSÍVEIS

"Nós sempre nos colocamos como o grande motor e não somos. E foi um pequeno vírus quem fez esse alerta. O grande motor da vida não são vocês. Somos apenas mais um nessa orquestra."

Mia Couto

Márcia se sentava quase sempre no mesmo lugar e mantinha olhar atento durante toda a aula. Demonstrava interesse na disciplina de *História Oral*. Sua presença em sala era alternada entre comedimentos e indicativos de receptividade. As perguntas exíguas que fazia eram instigantes e inclinadas às leituras de memória. Atualmente, a entrevistada trabalha no Sistema Único de Saúde (SUS). É auxiliar de saúde bucal numa Unidade Básica de Saúde (UBS). À noite, Márcia, já graduada, é professora na rede pública de ensino – o que permite trânsito nos espaços da saúde e da educação todos os dias.

No decorrer de 2020, quando o temor da covid-19 se espalhava, recebi a notícia de que o companheiro da interlocutora havia falecido. Ela própria tinha se contaminado. Apesar disso, conseguiu recobrar a saúde, diferentemente de Cidinho Alexandre, seu companheiro. Não sendo por óbvio a única afetada entre estudantes e egressos da universidade, notícias de experiências trágicas se tornavam constantes. Ouviam-se histórias de vidas aos pedaços, de sobreviventes sequelados e não raro de pessoas que capitularam no decurso da pandemia. Eram famílias inteiras dilaceradas com o *destino comum* da imensa *comunidade* afetada, enlutada.

Para a história oral, as percepções *multivocais* de *comunidades de destino* são senhas à compreensão dos acontecimentos de maior impacto. Desse modo, nada pode mudar a relevância da escuta de *todos* em cada *um*. Conforme a memória coletiva de costuras complexas, cada *um*, quando *fala*, explicita grupos – *teias!* – parcelas ampliadas e até traços comuns e coetâneos. Mesmo que o ser humano tenha, como nas *aventuras mitológicas*, atração pelo trágico, a pergunta sobre quem seria a "verdadeira vítima" dá lugar ao

> Do caderno de campo:
>
> É inevitável pensar sobre as entrevistas remotas como condição – quem poderia imaginar tantas mudanças para a história oral antes da pandemia de covid-19?
> Na falta de melhores circunstâncias sanitárias para entrevistar Márcia presencialmente, escolhi promover um encontro remoto.
> Se a distância impôs limites, por outro lado demonstrou como a tecnologia, de uma ou outra forma, tornou-se inafastável àqueles que se movem sem que o encontro se condicione à pessoalidade. Tão distante, mas tão perto. Foi como senti.

encontro com a finitude imaginada: do impacto do vírus (social, financeiro, emocional etc.), as pessoas não se colocaram a salvo, mesmo quando tenham escapado da contaminação.

Sobre a entrevista, que dizer? A narradora fez menções constantes ao infausto contagioso de nossos dias, sem se esquivar de críticas ao político. Mais do que manchetes de notícias, do que conceitos abstratos ou do que casos *very important*, ponderei repensar essa História a partir de seu outro "h", o "h" minúsculo. A diluição de versões em histórias, com esse "h" diminuto, permite que o enredo tétrico e monocromático da "verdade central" dê espaço às impressões *vitais* de revivescência depois do abalo contado.

A *negação da realidade* com consequentes questionamentos à racionalidade científica dos *modernos* ocorre, pois, no momento em que o vírus se torna *metáfora real* da agonia *progressista*. Não sem ônus, dá-se um susto nas respostas centradas em referenciais *modernos* que restaram operantes na crise instaurada pela *além-modernidade*. De outro lado, sem ter ido ao paraíso como sugeriu o filme *La classe operaia va in paradiso* da década de 1970 – dirigido por Elio Petri – frações se debatem em torno da reelaboração de *distopias*: que fazer se a Revolução não chegou? Adeptos brasileiros do *trumpismo*, e de suas acomodações arrastadas para o hemisfério Sul, fazem da *saturação* que paira no ar um anticlímax da razão. Nesse ínterim, é a vida no seu estado concreto, reimaginado e impregnado de dissabores que oportuniza histórias como as de Márcia.

Sem ter a chave da "interpretação" da realidade – uma hermenêutica à moda do século XIX –, a entrevistada usa argumentos indignados, eivados de afeto, de emotividade. De sua parte, Márcia dispôs-se a falar para sensibilizar pessoas. Para além, registrou impressões, dores, angústias próprias. Tocou em machucados ainda abertos, mas que buscam na *comunidade emocional* e na memória escavada os curativos necessários à cicatrização. Distante de grupos que naturalizam o *sistema negativo*, nota-se que a narradora falou do alto de sua perplexidade e, resistindo à contraposição lógica, procurou na via afetiva seu meio de persuasão.

Fala porque quer se comunicar por codificações da alma no universo de parcelas que só podem entender a linguagem do afeto, do afetado, da afetividade: "Os limites da minha linguagem significam os limites do meu mundo", pontificou Ludwig Wittgenstein.[1] Saindo da filosofia da linguagem, porém, seria possível perguntar pelos limites da condição humana: os limites dos afetados seriam os limites da memória coletiva, de suas lembranças doloridas e de esquecimentos selecionados? Diante da qualificação da tragédia pandêmica, serve a explicação de Maffesoli: o "indivíduo significa menos que a comunidade na qual ele se inscreve".[2] Se na França é possível perceber o vírus como parte de metáforas vivas na perturbação desses tempos, no Brasil ele opera em contexto de espiritualidade ascendente: "sinais dos tempos" instruídos por sua própria *Era dos Levantes*.[3]

De qualquer forma, repensar as histórias do (in)comum, os tecidos rasgados na malha social e as narrativas anguladas por mazelas sanitárias, nas bordas e nos interiores do país, possibilita colocar em apreciação crítica poderes nucleares. Se é certo que quando alguém *fala*, *fala* no alguém a *comunidade*, Márcia conta histórias por quantas sofreram perdas irreparáveis. Nenhuma lembrança humana – a *memória de expressão oral* – passou incólume diante da crise sanitária em *terras brasilis*. Houve novo *memorial boom*; desta vez, virulento e contagioso. Mesmo que para contestar ou afirmar a *razão* e as *evidências*, a covid-19 amalgamou sentidos, perdas e disputas opinativas espalhadas pela sociedade.

150 VIDAS MACHUCADAS

Estavam em crise projetos, sonhos, vidas – desde perfis humanos que atenderam certos "padrões de vulnerabilidade" (comorbidades?) e os que, antes, concebiam-se "invulneráveis" (os jovens, os saudáveis?). No Brasil, assim como nos Estados Unidos, entre outros países, a doença ganhou foros de tragicidade sem precedentes. Ninguém estava a salvo, o que provocou pânico em setores da imprensa que contabilizavam milhares de mortes por dia. Que dizer da *comunidade científica* que argumentava defendendo a *ratio* de forma comovente e paradoxal? Enquanto o presidente da República e seus seguidores convictos diziam palavras de menoscabo aos vivos e de desprezo aos mortos, a sociedade tracejou novos contornos de memória entre quarentenas, hospitais sem vagas, ônibus lotados e o lúgubre da abertura de valas comuns etc.

Ainda que exista certo corte nacional de memória, não se pode desviar a atenção das narrativas que a história oral centralizou para a compreensão de passados imediatos. Eventos/movimentos/regimes históricos escritos *ad nauseam*, tais como, entre outros, nazismo, fascismo, queda do muro de Berlim, *apartheids*; limpezas étnicas, genocídios e ditaduras no Cone Sul da América do Sul produziram cadências de memórias marcantes para *todos* em *cada um*. Mas a contaminação por covid-19, global com impacto local (ou seria o contrário?), evidenciou ondulações alternativas de memórias *faladas*.

Percebe-se que a experiência *comunitária* prepondera aos sentidos históricos nacionais, isto é, nem sempre os episódios se explicam do alto, com a bandeira do país nas mãos ou do topo da "autoridade científica". Se, na lógica do fracionamento *moderno*, Aby Warburg seguido de Carlo Ginzburg disseram que: "Deus está nos detalhes" (o "todo" é escalonado no menor), na *além modernidade* o "todo" se horizontalizou: a espiritualidade, assim como o retorno do trágico, está *entre* nós – os detalhes estão nas *memórias machucadas* de todas as "Márcias". Não há esfriamento secular e individualista em Márcia, mas vontade de viver e, por conseguinte, de perfazer o caminho da cicatrização no machucado coletivo.

Aos poucos, as ausências – como num culto compulsório a *Thánatos* – ganharam *tons* irrevogáveis. Onde há ausências massivas, sempre existe espaço para mais memória. Exorcizar a memória coletiva ou torná-la simples objeto de discurso habilitado é deixar de compreendê-la como matéria: em Márcia, como nas "Márcias", a *comunidade se amplia* e a memória se requalifica. Porque esquecimento é face da memória (às vezes é como *Janus*): que dizer do *luto* com que se *luta* para esquecer sem apagar a lembrança do ente querido que se foi? Memória não é banalidade ou ingenuidade: memória é coisa séria. Faz jus, no caso de Márcia, à ausência do ser humano que se vai – do ente afetivamente vinculado – e do que fica, aqui, sentindo dor enquanto lembra, enquanto elabora a perda, segundo recordou Maria Homem.[4]

Mas o que teria dito a interlocutora diante do infausto acontecimento? Que tipo de afetos e sentimentos outros a narradora reelaborou na memória? Afinal, como *alguém* que perdeu *outro* alguém pôde dizer o afastamento e, de forma concomitante, pensar num país assolado pela covid-19? Aos poucos a metáfora do vírus e as deflagrações de revoltas se concretizam na falta, na realidade. Assim, a decisão de publicar a história de Márcia não se justificou por meio de alarmantes *números de vítimas* que, neste caso, cederam lugar à indicação resoluta de grupos da *comunidade* acadêmica: *"Ela pode falar, ela tem de falar."*

Não é a *vítima ideal* que *fala*, aqui. Quem *fala* em história oral é aquela indicada pela *comunidade de memória*. Não a entrevistada de *elite* ou cuja dor se supõe maior do que as outras. Com cuidados redobrados diante da perda recente de Márcia, o diálogo gravado seguiu as fiações da *comunidade de sentido*. Desse modo, Maffesoli demonstrou a *comunidade de destino* e, em outros termos, a acomodação do presente nada generoso que anuncia no *imediato* o tempo da aceitação – o *destino fati*.[5] Para fabricar o momento, porém, nada melhor do que contar histórias. Márcia sabe bem. Ela arriscou ter *esperanças possíveis* depois de tanta dor. Lendo-a, ainda podemos ouvi-la.

HISTÓRIA 5 – *"É COMO TER QUE MATAR O PRÓPRIO LUTO"*

> *"No dia 15 de junho, às 13h, ele enviou uma mensagem:*
> *– Olha, amor... eu não estou bem. A médica passou aqui e*
> *disse que eu preciso ser intubado.*
> *Eu, então, fiquei em uma condição emocional bem pior do*
> *que já estava, não é? [...] Sobre a vivência do luto, também*
> *foi muito complicado, porque não houve direito a velar o*
> *corpo do Cidinho [...]. Não pude olhar, me despedir e nem*
> *fazer o reconhecimento do corpo [...] É uma forma triste*
> *de viver o luto. É como ter que matar o próprio luto."*
>
> Márcia Aparecida Rodrigues

Meu nome é Márcia Aparecida Rodrigues e tenho 46 anos. Sou mãe de três filhas... também sou avó. Moro aqui em Douradina, no estado de Mato Grosso do Sul. Trabalho durante o dia como auxiliar de saúde bucal na Unidade Básica de Saúde, do SUS, aqui mesmo na cidade. À noite sou professora de Filosofia na rede pública municipal. Nesse período, estou concluindo o ano letivo. Sabe como é vida de professora, não?

Fiquei muito apreensiva, como trabalhadora da saúde, quando apareceram os casos de covid-19 no Brasil. O meu companheiro, Cidinho Alexandre, ficou apreensivo também. Nos perguntamos sobre o que nós poderíamos fazer para nos proteger e proteger as pessoas mais próximas. Era um contexto bastante delicado e, no início de 2020, não havia muito conhecimento no país sobre como enfrentar a doença. Considero que as questões políticas no Brasil, com o negacionismo da doença, contribuíram para agravar toda a situação.

Aqui na cidade muitos não acreditavam que o vírus iria chegar até nós e que iria afetar as pessoas assim como ocorreu. Num primeiro momento, quando aconteceu a primeira morte por complicações decorrentes da covid-19, as pessoas tentavam desmentir ou omitir o fato em si. É uma cidade pequena e muito conservadora em que prevalece a admiração ao presidente da República, que negou durante todo o tempo a complexidade da doença. Até hoje as pessoas continuam dizendo que a covid-19 é um vírus imaginário! Atualmente, as pessoas, em Douradina, estão em grande medida imunizadas em razão da vacina. Essa é a esperança que temos, de uma melhora contínua na situação.

Quando teve o primeiro caso na cidade, fiquei bastante preocupada em relação ao Cidinho e com a minha filha Aline. Logo no início, soube de que algumas pessoas poderiam ser mais gravemente afetadas pela doença. O Cidinho fez tratamento de câncer em 2015. Ainda que no início da pandemia o Cidinho estivesse bem de saúde, ele havia passado por tratamento de quimioterapia e de radioterapia. A imunidade dele era menor do que uma pessoa que não se submeteu a esse tipo de tratamento. Fiquei muito preocupada com ele e com a Aline, que, por sua vez, tem problemas pulmonares.

Nós procuramos, de maneira individual, tomar os devidos cuidados. Mas não foi suficiente para evitar que fôssemos afetados da maneira que fomos. O Cidinho era trabalhador da saúde... Por 27 anos ele trabalhou na saúde. Era coordenador de vigilância epidemiológica. Ele teve de manter a carga horária de trabalho normalmente durante a pandemia. Seguiu na rotina de trabalho – nos cuidados – colaborando com a rotina de precauções e de prevenção possível da população. Ele cuidava de todo mundo! Infelizmente, em algum momento ele foi contaminado... Depois de contaminado, a saúde do Cidinho se deteriorou.

* * *

Mas tem algo muito sério e que fico me perguntando: quando se iniciaram as primeiras contaminações, havia um protocolo da Organização Mundial da Saúde (OMS), e do Ministério da Saúde (MS), que as pessoas com sintomas deveriam ser testadas! No caso do Cidinho – isso que vou falar é muito sério –, quando ele percebeu os sintomas e procurou a unidade de saúde em que trabalhava, sendo coordenador epidemiológico, negaram o teste para ele. Acredito que se tivessem testado o Cidinho no dia em que ele procurou a unidade de saúde com os sintomas da covid-19, talvez tivesse mais chances de sobreviver.

Ao procurar pela testagem, o profissional, médico, que atendeu o Cidinho disse que não havia a necessidade de que ele fosse testado... O estado de saúde dele foi se agravando de forma progressiva. Nós, então, fomos da cidade de Douradina para a cidade de Dourados para que ele fosse testado; demorou um pouco mais, mas ele conseguiu! Demorou mais ou menos uma semana para que obtivéssemos o resultado da testagem e ele evidentemente estava contaminado. Acredito que, sem cuidados especializados, sem amparo algum, a doença avançou e ele não pôde ser curado. É o entendimento que tenho, porque a orientação era "testar, testar, testar".

Ele começou a passar mal na última semana de maio... No dia 2 de junho ele procurou o médico que lhe negou o teste para a covid-19. Na minha opinião foi negado o teste mesmo! Porque o profissional tinha conhecimento do protocolo que deveria seguir, mas escolheu não seguir. Houve no mínimo negligência no atendimento! Corremos para Dourados, depois, e no dia 8 de junho veio o resultado: contaminado com a covid-19! Nesse momento ele já estava com febre, sentindo-se mal e com falta de ar.

Depois começou a saga que é a mesma de milhões de brasileiros: fomos para a UPA de Dourados e a moça disse que ele precisava ficar internado. Então, ele ficou internado! E aquele foi o último dia que eu vi meu companheiro! Até o dia 15 de junho a gente conversava por mensagem e eu perguntava como ele estava... porque não havia, nessas condições, direito a visita! Conversávamos por aplicativo de comunicação instantânea. Eu conversava com o médico que, em todo final de tarde, fazia o boletim e passava a situação clínica dele. Mas havia momentos de melhora e momentos de piora!

Eu e o restante de minha família tivemos de ficar em casa, de quarentena, confinados, numa angústia muito grande, porque estávamos vivendo instabilidade... Não havia certeza de nada! Isso aumentava a angústia e o sofrimento! E, sabe... é difícil deixar alguém seu e nunca mais reencontrá-lo.

No dia 15 de junho, às 13h, ele enviou uma mensagem:

– Olha, amor... eu não estou bem. A médica passou aqui e disse que eu preciso ser intubado.

Eu, então, fiquei em uma condição emocional bem pior do que já estava, não é? Mas era necessário intubar, dadas as condições em que ele se encontrava. Num primeiro momento, a gente acreditava na cura... Com o passar dos dias, a partir dos boletins médicos – que eram falados, comecei a entender que estava perdendo o meu companheiro... Ele faleceu no dia 2 de julho.

Sobre a vivência do luto, também foi muito complicado, porque não houve direito a velar o corpo do Cidinho... Fui a Dourados para buscar o corpo dele no Hospital Evangélico, porque ele ficou 26 dias internado (contando com os dias em que ficou na UPA). Quando o médico me avisou, às 5h, que ele havia falecido... quando cheguei lá, a funerária já havia retirado o corpo e eu não reconheci esse corpo. Não pude olhar, me despedir e nem fazer o reconhecimento do corpo. Acredito que muitas famílias passaram por isso no Brasil. É uma forma triste de viver o luto. É como ter que matar o próprio luto.

* * *

No dia 2 de novembro, Dia de Finados, fui com minha netinha até a sepultura do meu companheiro para levar flores. É triste esse processo, porque não me despedi dele; não pude reconhecer o corpo. Bate até a dúvida que vem da angústia mesmo: será que é ele mesmo que está sepultado aqui? Não sei se é... E se não for? Tem toda a questão do trauma que tem origem no processo que você vivenciou juntamente com centenas de milhares de famílias brasileiras.

Eu me lembro dele e dói. Ele era uma ótima pessoa, sempre convivendo aqui em casa. Um ótimo profissional... Bom pai, padrasto!

A Letícia, minha neta de 5 anos, sempre pergunta:

– Vó, e o Vô Cidinho... quando vai voltar para a casa? Você brigou com ele?

Eu, então, explico tudo para ela. Mas ela é pequenininha ainda e não entende muito bem essa dinâmica da morte. Ela acredita que em algum momento ele vai voltar. Tem um perfume dele guardado no guarda-roupa e ela acredita que, em algum momento, quando o Cidinho retornar, ele vai usar novamente. São elementos que chamam bastante a atenção, no sentido de que a criança também vivenciou isso – o luto que não foi! Porque ela convivia todos os dias com ele. Ela lembra de coisas importantes na vida de uma criança: como, por exemplo, colher acerola na quadra de esportes. Eles iam juntos buscar acerola lá! São momentos marcantes na vida dela e ela lembra bastante.

A falta é difícil... Até os seis meses depois da morte dele, eu fiquei muito mal. Mas muito mal mesmo! Depois, ainda inconformada, eu comecei a "colocar os pés no chão", como se diz, porque de alguma forma a vida tem que seguir. Infelizmente foi um trauma coletivo. Não foi só a gente que vivenciou essa situação! O governo federal foi negligente! As políticas públicas brasileiras estão piores a cada dia, não é? Estão cortando recursos da saúde e da educação... Não há perspectivas de que alguma coisa possa melhorar nesse sentido.

Em minha cidade, as pessoas têm olhares bastante diferentes sobre a pandemia e sobre a minha própria reflexão desse processo. Se eu converso com colegas, eles me consideram uma pessoa responsável. Se eu converso com pessoas da família, as opiniões são divididas. Tem pessoas da família do meu companheiro que me consideram responsável pela forma como eu conduzi as coisas: porque procurei a cura ainda que tudo fosse difícil. Como se não bastasse tamanha dor, outras pessoas da família consideram que fui uma aproveitadora e que ele morreu porque eu não soube cuidar. Mas foi o que disse para a pessoa: como eu poderia ter "curado" o Cidinho? Entendeu?

Têm olhares diferentes em relação a mim. Eu tenho certeza, e plena convicção, de que cuidei do meu companheiro, e isso é importante para mim. Independente do olhar dos outros, tenho consciência de que a gente se cuidava muito bem. Cuidávamos um do outro! Eu entendo a divergência de ideias, mas é complicado ouvir da família do meu companheiro – que eu amava e queria bem – que eu não soube cuidar e por isso ele morreu.

Hoje penso que ele era alguém de saúde debilitada, porque tinha o que se considera comorbidade. Falavam muito em comorbidade, mas meu marido – apesar de ter tido câncer – teve que trabalhar na linha de frente da pandemia. Acredito que negaram a ele a possibilidade de trabalhar de casa, porque ele, mesmo com comorbidade, coordenava a vigilância epidemiológica: todos sabiam que seria muito arriscado. Agora, ele não tinha direito à saúde? De certa forma negaram esse direito a ele, que tinha debilidades, e depois negaram a ele o direito de se testar – seguindo o protocolo.

∗ ∗ ∗

Falando sobre questões mais amplas, do país, penso que o governo federal tratou a pandemia de covid-19 como se ela não tivesse importância. Pior ainda, como se o objetivo dele fosse realmente deixar as pessoas morrerem contaminadas. A falta de testes e de testagem não atingiu apenas ao meu companheiro, mas a toda a população. Entendo que, por negar a doença, as precauções devidas não foram tomadas a tempo de salvar muitas vidas.

Quando imunizantes chegaram a Douradina, a vacinação foi rápida. Mas demorou muito para que o governo federal comprasse as vacinas para todos os brasileiros, conforme sabemos. Teve também a imunidade de rebanho, com a qual não concordo: se tem algo, a vacina, que pode evitar mortes, por que não comprá-la logo para todos os brasileiros e brasileiras? O problema da imunidade de rebanho é o egoísmo, porque com certeza, ainda que desse certo, alguém iria morrer contaminado.

No que se refere ao distanciamento social, vejo que muitos são indisciplinados: aqui na cidade as pessoas não cumpriam com o distanciamento. Eu tentei cumprir o tempo todo, mas chegou o momento em que tive que trabalhar. Não visitava ninguém, trancava os portões, não recebia ninguém... apenas me deslocava para o trabalho e retornava para a casa, mas a maioria da população não obedeceu ao distanciamento social.

Tem também a questão dos remédios sem eficácia comprovada para a covid-19. Por exemplo, o uso indiscriminado da cloroquina e da hidroxicloroquina. Infelizmente, o *kit covid* incentivado pelo governo federal chegou na maior parte da população da nossa cidade. Quando fui contaminada, entregaram o *kit covid*, mas me recusei a tomar. Não tomei. Eu falei para as minhas filhas: estou contaminada, mas estou bem. Segundo o médico, estou assintomática e assumo a minha própria culpa se eventualmente morrer... Disse a elas que, se eu morresse, a responsabilidade seria toda minha por não tomar o *kit covid*, mas estava certa na decisão, porque esses remédios não têm a menor eficácia.

* * *

A Comissão Parlamentar de Inquérito (CPI), do Senado Federal, teve um papel importante para contribuir em eventuais responsabilizações de pessoas que negligenciaram a doença. Porque era preciso que se olhasse com mais cuidado para a situação das pessoas que estavam precisando no momento. Eu me recordo também da demora não somente para os testes, mas também para conseguir leitos ou um atendimento. O SUS foi fundamental nesse processo, claro. Imagina se não tivéssemos o SUS? E os profissionais de saúde que trabalham no SUS, em sua grande maioria, foram exemplares. As pessoas falam que o Brasil não tem dinheiro, mas o país tem dinheiro para tanta coisa... Por que não tem dinheiro para a saúde?

As pessoas falam:

– O Brasil está quebrado...

Porque o antigo governo entregou o país quebrado! Mas acredito que, se o governo quiser investir na saúde e na educação, ele sabe muito bem de onde tirar o recurso. Afinal, a população contribui com impostos. Eu não acredito que o país não tem dinheiro para investir no necessário, e penso que isso também é uma forma de não atender a população. Aliás, acredito que realmente seja um projeto! Muito triste. Em outras ocasiões, o Brasil conseguiu vacinar muita gente e prevenir mais contaminações. Tome o caso, guardadas as devidas proporções, da H1N1 no final dos anos 2000... Houve, no passado, maior agilidade no combate às crises sanitárias, embora em outras dimensões. Existiu uma resposta mais rápida do Estado, pois eu conversava com o Cidinho e ele falava que medidas eficientes foram adotadas naquela época.

Viver no Brasil durante a pandemia, agora, de covid-19, é como navegar num barco à deriva. Em outras palavras, o governo disse algo como:

– Olha, quem puder, chora menos! Tem que morrer gente mesmo! Porque tem muito pobre... Isso só vai afetar os pobres...

A maior parte da população que morreu da doença era de estratos sociais baixos. Quem mais morreu da doença? A maioria das pessoas é da população pobre que precisa mais das políticas públicas de saúde. Eu espero do Estado que olhe para a população ao desenvolver políticas públicas de saúde e educação, assim como para as pessoas mais pobres. Sei que isso passa pela decisão das pessoas durante as eleições no que se refere ao governo, mas espero que o Estado seja mais eficiente.

Muita gente reclama do SUS, mas precisamos de uma política de fortalecimento do SUS. Todo mundo critica o SUS, mas, quando "a coisa ficou feia", foram os profissionais do SUS que estavam na linha de frente "dando a cara a tapa". Eu trabalho no SUS há seis anos e vejo o drama todos os dias na saúde bucal, mas sei que ele existe em todo o Sistema. As pessoas se apavoraram quando estavam aumentando os casos da covid-19 aqui na cidade e entraram em desespero... Havia medo dos profissionais de saúde. Muitos se contaminaram, o que era bastante preocupante.

Espero de verdade que o Estado valorize os profissionais da saúde, porque, se você notar a carga horária de trabalho e o salário que se ganha, não sei se é possível continuar vivendo... Considero que educação e saúde são peças fundamentais que precisam muito do olhar dos governos para que a sociedade avance.

Os crimes cometidos durante a pandemia precisam ser investigados. É necessário que o Poder Judiciário atue para que se averigue: qual era o papel do Estado? Se aqueles que são do Estado negligenciaram, que os agentes estatais paguem por isso... que o governo também pague pela sua negligência, porque se eu, pessoa natural, cometer um crime, certamente preciso ser punida. Se o governo cometeu crimes, e tem responsabilidades, como os estudos da CPI demonstraram , que seja punido. Tem que ser punido em razão das suas negligências para com a vida das pessoas.

* * *

Num primeiro momento, quando pensei: "Agora não tenho mais meu companheiro", confesso que fiquei meio depressiva. Fiquei mesmo em depressão nos primeiros meses. Depois, conversei com a minha mãe, de 69 anos, e ela me disse:

– Olha, minha filha... sinto muito por você ter perdido o seu companheiro, mas você precisa continuar vivendo. Porque o Cidinho morreu. Você não! Você está viva, e por isso tem que continuar vivendo. Então, renova os seus projetos de vida: pensa em suas filhas, na sua neta e nos projetos de vida que você tem.

Por muito tempo, meus projetos de vida foram negados, ou, na realidade, impedidos pelo pai das meninas, que me proibia de estudar. Ele me proibia de tudo, ao contrário do Cidinho, que me apoiava em tudo. Talvez por isso o sentimento de perda seja muito grande, porque ele era muito companheiro. Então ele apoiava os meus projetos, inclusive a conclusão da minha graduação em História tem muito a ver com o apoio dele. Lembro-me do tempo em que estava no sétimo semestre e um dia cheguei em casa, à meia-noite, cansada, dizendo que iria desistir do curso. Ele me incentivou! Disse-me que eu estava concluindo, que só faltava mais um pouco e que o curso já estava no final. Se não fosse a fala dele, nesse momento, talvez eu teria desistido.

A conversa com minha mãe foi fundamental. Posso dizer que sinto muito a falta do Cidinho, pois em casa, para todos os lados em que se olha, é possível vê-lo. Ainda que esteja aprendendo a conviver sem ele em casa, as memórias continuam sempre vivas. Agora, penso em continuar trabalhando, cuidando da minha família, concluir minha pós-graduação e continuar os estudos. Penso até em fazer o curso de mestrado!

* * *

Por outro lado, houve político, em nossa cidade, que é pequena e tem cultura interiorana, que tentou "pisar na minha dor" para tirar proveito eleitoreiro nas últimas eleições. Acredita? Expôs a nossa situação nas *redes sociais* para tirar proveito político de tudo. Daí, juntamente com a minha filha, nós fomos às redes sociais dele e dissemos:

– Na condição de pessoas afetadas pela doença, pelo covid-19, nós exigimos que você respeite o nosso sofrimento! Porque em nenhum momento gostaríamos de passar por essa situação e não desejamos que outras famílias passem por isso, porém exigimos respeito. Você não pediu autorização para fazer isso e jamais deixaríamos você usar o nome do Cidinho que não está mais aqui.

Tive também uma conversa com o prefeito da cidade:

– Com todo respeito que tenho por você, que é professor e prefeito da cidade, não quero e nem autorizo que nem políticos do seu grupo, nem políticos de oposição, usem do nosso sofrimento lá de casa para tirar proveitos eleitorais.

O que aconteceu foi que queriam usar a morte do Cidinho para afetar os grupos políticos da cidade. Como cidadã, eleitora, trabalhadora e moradora da cidade, não aceito de nenhum lado. Se querem fazer política, apresentem propostas à população que beneficiem as pessoas.

É bom falar sobre o assunto. Não é ruim! Porque eu sinto a necessidade às vezes de falar sobre os acontecimentos mais drásticos das nossas vidas. Isso me dá uma "leveza".

CRISE E SENSIBILIDADE

> *"O vírus é caótico, mas não é democrático."*
>
> Boaventura de Sousa Santos

O arrefecimento do ideal democrático chama a atenção, pois é a tônica em vários países que colocaram um de seus pés nesse estágio da crise contemporânea. Ora chamada de *burguesa*, ora contestada por lideranças autoritárias, a democracia está em crise em várias partes do mundo. A seu modo, Boaventura de Sousa Santos tem razão: o vírus também não é democrático. De ângulo todo próprio, Santos vê acometimento dessemelhante nos vários estratos da sociedade, ao passo que Maffesoli percebe o vírus como sintoma claro de crise da *modernidade*. A proposta de Maffesoli é ousada porque capta a atmosfera da crise para além de sua importante dimensão sanitária.

É preciso perguntar pelo lugar de Márcia na ambiência emocional da pandemia, que desfavoreceu em alguma medida os pensamentos e as ações amenas.[6] Evidente que as reações humanas à crise se dão na medida e para além da medida do anticlímax de um tempo desaventurado. O mundo de Márcia esteve cercado por histórias coetâneas: são expressivos os contingentes de sequelados, de órfãos, de viúvos; de familiares e de amigos com dores nem sempre elaboradas pela *fala*. São pessoas dilaceradas pela memória ingrata da covid-19. Em Márcia, esses grupos arrasados falam enquanto reúnem forças para perfazer a ideia de dor que nem sempre se afasta. Há futuro para o futuro, afinal? Memórias de tempos pandêmicos ou pós-pandêmicos atendem às aparências das lembranças de pós-guerras, em que se multiplicam mazelas socioeconômicas e esfacelamentos impositivos de humanos ou de laços humanos. Se há futuro, ele não é mais aquele do *progressismo* do século XIX: vale como prefiguração modificada no calor da hora trágica, mas não como ponto de chegada de certo itinerário.

Tudo ocorreu com urgência e vertigem. A Organização Mundial da Saúde, ligada à Organização das Nações Unidas, estabelece ações coordenadas entre os Estados a fim de minorar a contaminação por doenças que desconhecem fronteiras. Sob temores difusos, a OMS declarou "emergência de saúde pública de importância internacional", o que fez em relação à covid-19 no dia 30 de janeiro de 2020, após os diagnósticos de mais de 7 mil pessoas contaminadas com o então denominado *novo coronavírus*.[7] Paulatinamente, os noticiários ficaram repletos de informações sobre o rápido espalhamento do vírus: números e números eram despejados em consumidores cada vez mais vorazes de notícias. Na televisão parecia haver poucos assuntos alternativos, claro, e o principal era a covid-19, que ganhava foros de perplexidade apocalíptica. A contaminação pela covid-19 foi o ápice e a síntese aprimorada do trágico de uma *geração comunitária*.

Pesquisadores dedicados à área da saúde – precarizados por falta de investimentos em projetos de pesquisa – ganharam notoriedade na mídia e nas *redes sociais*, porque detinham potencial explicativo da guerra viral que se travava.

Nossa crise sanitária, contudo, despertou o mercado, que não queria ver diminuída sua lucratividade. A mais visível irrupção do sofrimento humano desses *tempos estilhaçados* (perturbação social, dor, luto) foi deflagrada por organismos invisíveis a olhos nus (proteína, ácido nucleico): só havia o grito de profissionais de saúde precedidos pelo gemido de familiares que viam entes sem ar, sem recursos, sem leitos suficientes nas unidades ou centros de tratamento intensivo (UTIs/CTIs). A negligência à doença estava no centro do poder político, de onde mensagens cruentas eram direcionadas para bases eleitorais jamais desmobilizadas. A falsa dicotomia entre economia e saúde grassava sob ameaças de fome, de desemprego e de projetos ainda mais contundentes contra o Estado de Bem-Estar Social (*Walfare State*).

Sabe-se que "a primeira pessoa com a covid-19 no Brasil foi diagnosticada em 26 de fevereiro e, na sequência, o primeiro óbito fruto da doença ocorreu em 17 de março de 2020, levando, nos meses subsequentes a milhares de mortes no país".[8] A história da entrevistada ganha contornos de sensibilidade ao longo de toda a narrativa: entrecruzando argumentos que revelam aspectos elementares de episódios traumáticos, trata-se de alguém que procura continuar vivendo após a perda contada. Compreendê-la assim, na esteira de certa história emotiva, qualifica seus argumentos tecidos em *tons* doloridos.

Do que são feitas histórias como as de Márcia? Antes de narradas, as histórias são compostas por elementos prefigurados na memória, assim como por marcas profundas da experiência: nenhuma memória dita é a repetição de lembranças que seriam armazenadas, porque as memórias se desmancham e se reconstituem de outro modo. Seja como for, não há história sem experiência matriz, e é a oralidade que reforma a *memória de expressão verbal*. Força motriz do ser, a memória convoca principalmente o *eu*, o *tu*, o *nós*; indica *ele(s)*; seja da dor, no caso de Cidinho Alexandre, de não ter sido testado para a covid-19 quando sintomático, seja de eventuais negligências.

Ainda que com plasticidade, a memória diz que *foi* – tem certezas, aponta; indica, ainda que os fundamentos da sinalização sejam de referenciais alternados ou que existam hipóteses variadas para o mesmo acontecimento. A memória quer viver mesmo quando trata de *luto*, quer se refazer, quer cicatrizar. Disso decorre, inobstante, a *vontade de responsabilização*. No plano pessoal, é evidente que contar história com causa, consequência e nexo pode produzir efeitos ou contribuir para aplacar demandas grupais.

Não é possível, porém, abordar o luto sem que a força da emotividade, do percurso até a morte, seja enunciada por meio de narrativa vivaz que demonstra a quebra abrupta do vínculo imediato com a pessoa que é razão de afeto.

Basta ir a Philippe Ariès para ver contada uma *História da morte no Ocidente;*[9] diga-se, é História atravessada por histórias costuradas. Assim como é problemático afirmar a história oral *da* covid-19, a história oral realizada *na/no* decurso da pandemia de covid-19 apresenta memórias que foram atingidas pela tragédia que é contada e depois esquecida (mas não apagada!). Esquecer é deslocar determinada lembrança do centro da *memória nuclear* para lugar periférico às vezes invocado como alternativa (recordação).

> Depois começou a saga que é a mesma de milhões de brasileiros: fomos para a UPA de Dourados e a moça disse que ele precisava ficar internado. Então, ele ficou internado! E aquele foi o último dia que eu vi meu companheiro! Até o dia 15 de junho a gente conversava por mensagem e eu perguntava como ele estava... porque não havia, nessas condições, direito a visita! Conversávamos por aplicativo de comunicação instantânea. Eu conversava com o médico que, em todo final de tarde, fazia o boletim e passava a situação clínica dele. Mas havia momentos de melhora e momentos de piora!
>
> Márcia Aparecida Rodrigues

Histórias de emoções importam. Irrestritas ao domínio da História Cultural, as "sensibilidades correspondem também às manifestações do pensamento ou do espírito" – conforme Sandra Jathay Pesavento.[10] As sensibilidades remetem o vivido ao mundo da cultura e do imaginário, colocando em "pauta a realidade do sentimento, a experiência sensível de viver".[11]

Cabe acolher argumentos da memória alquebrada. Porque neles há pensamentos elaborados por rearranjos e, assim, entram em jogo as memórias projetadas em direção ao *luto*. Misturam-se posições sensíveis ainda que sob narrativas estáveis, confiantes e compenetradas. Comumente se *fala* em sensibilidades eivadas de certas expressões; expressões visíveis, tais como aquelas exprimidas do fundo da *alma*. Em entrevistas de história oral, o diálogo gravado é a própria performance. Escutar em história oral é também gesto na direção de quem padece. Márcia revela a dor da perda de alguém que, como profissional de saúde, cuidava dos outros, mas, quando procurou *cuidar de si* e dos *seus*, não teria encontrado amparo.

A dor da perda não é, *in totum*, explicada por palavras, e é adequado admitir que a oralidade sem análises de performances consequentes seria como instrumento que se toca em câmara anecoica – em salas do *silêncio*. O *silêncio*, de outra maneira, está além do duplo da Palavra enunciada, pois é o anúncio da própria Palavra que se quebra por um tempo e depois se refaz. É mais que intervalo. É estado de existência e quietude autoprovocada. Centenas de milhares quiseram sepultar seus mortos, mas não puderam em razão de protocolos necessários que, contudo, corroeram quem perdeu: como alguém pode se *despedir* sem *despedida*? Márcia também quis sepultar e não pôde. Doeu, confidenciou-me.

LUTO DO LUTO

> *"Dei gritos de dor, e de cólera, pois a dor parece uma ofensa à nossa integridade física. Mas não fui tola. Aproveitei a dor e dei gritos pelo passado e pelo presente. Até pelo futuro gritei, meu Deus."*
>
> Clarice Lispector

Questiona-se quando, em *situação de entrevista*, o pranto não é chorado. Afinal, a *vítima ideal* é a que mais chora? Márcia, a propósito, não chorou durante a entrevista. Mas e daí? Sua narrativa foi sensível, com a neta que sente falta do avô no colo; foi empática quando da descrição do percurso de Cidinho Alexandre: ajuda a superar estereótipos da *vítima* por meio da *sobrevivência* performada na *fala*, no *gesto*. Olhar fixo, atenta, firme, emotiva. Não há lugar para estereótipos ou preconcepções na história da entrevistada. Porque se expressou como quis e como sentiu vontade de fazê-lo. *Falou* da saga pelo diagnóstico do companheiro até a última mensagem trocada por aplicativo. Em todo caso, quem disse que *mulher chora* e *homem não chora*? Pelo avesso, o compromisso da história oral é com a escuta analítica e *transcriativa*: importa a *outra* pessoa tal como se mostra – com firmeza, sutileza, *arte*.

Seria, então, a história oral *arte* consagrada diante dos limites de ser humano? Há *arte* na história oral. Contornos suaves – e outros nem tanto! – em expressões narrativas. São *artísticas* as *atitudes de fala* que convocam comoções doloridas. Diferente de afirmar que a modalidade aplicada é *arte*, porém. História oral é, assim, *conjunto de procedimentos*. Disciplinadas e "dizendo para fora", as vozes acolhidas expressam condição, estado, *estética*. São importantes, além disso, para a consolidação do conjunto de *approaches* destinados à proteção de *comunidades*. A *arte* encontrada na estética da *história falada*, como em geral, não pressupõe ausência de dor, de sofrimento ou do indesejado acontecimento. É comum que com a dor se fale em *arte*, assim como disse Marcel Proust.[12]

No que toca às histórias *faladas*, Alessandro Portelli traduz a relação do movimento que se busca entre as paredes sensíveis do humano: "A história oral, em essência, é uma tentativa de reconectar o ponto de vista nativo, local, vindo de baixo" com outro "visto de cima: de contextuar aquilo que é local e de permitir que o global o reconheça".[13] Acresça-se que a história oral é multiangular, sendo desejável a reunião de vozes aptas para contarem suas próprias versões ecoadas de lados diferentes ou em concomitância. Eis seu caráter *multivocal*, que opera nas *redes de mutualidades*.

O luto de Márcia (porque a história contada é em primeiro lugar *da* interlocutora), não é trivial, tampouco dilui-se em números: *um não é só mais um*, mas cada qual o *si* próprio da *comunidade afetada*: "A história oral, então, junta a história vinda de cima e a história vinda de baixo em um mesmo texto – em uma mesa de negociação – criando um diálogo igualitário." Em concomitância, ladeia "a consciência que os historiadores têm dos padrões espaciais e temporais mais amplos e a narrativa pessoal, mais pontualmente focada, do narrador local".[14]

Evidente que, ao contrário do que defende a *ideologia da vítima*, quem é atingido não permanece em espécies de *redomas de intocabilidade*. Tendo experimentado sofrimentos próprios da perda, as concepções de outras pessoas sobre Márcia variaram segundo percepções que, entretanto, não retiram da história seu argumento implícito, pujante: vive-se o *luto* enquanto o *agora* se reinventa. Parte-se, neste caso, de experiências da vida – do vivido, do vívido, do lembrado – para reconstruções esperançadas mesmo sob divergências. Não há *limites* para se pensar o já, que, enfim, independe de categorias ou conceitos à parte. E é assim que a história de vida da narradora indica o *luto do luto* com fito na cicatrização do tecido da *alma*: numa escala amplificada, a história indica o *luto do luto* como possibilidade socialmente reverberada.

Conforme dito, seguindo-se protocolos sanitários não houve a tradicional despedida em que se vela o corpo e se dá adeus à matéria do ente querido. Protocolos e orientações psicológicas em geral foram elaborados pela Fiocruz, por meio do material *Processo de luto no contexto da covid-19* – iniciativa da série *Saúde mental e atenção psicossocial na pandemia covid-19*, da Fundação. Na prática, a corrida por vagas de UTI, a exaustão do SUS e o sistema funerário demarcaram o cenário tétrico de espalhamento do vírus.

Para a memória do coletivo, são chocantes as lembranças de covas abertas de antemão. Sepultamentos de milhares eram realizados todos os dias. Enquanto o governo federal revelava, ele próprio, crise de adesão à *razão científica*, pairava, ainda, a acusação de que implementou a estratégia de contaminação para efeitos de *imunidade de rebanho*. Tudo sem se dizer de imbróglios em torno da aquisição de vacinas, assim como das suspeitas reiteradas de corrupção – o que rendeu imputações de crimes por parte da CPI da Pandemia no Senado Federal. Profissionais de saúde foram à exaustão e outros sucumbiram. Cuidando de outros, perderam-se de *si*. Isso não é algo vulgar ou romântico e não pode ser entendido como *missão*, mas como parte da crise. Não foi diferente com Márcia no processo de perfazer o *luto* e reinventar a ideia de viver.

Resta, ainda, a indagação: Cidinho Alexandre faleceu, mas de que sobrevivência se trata nesta história? Trata-se da sobrevivência de Márcia. Não só porque, como milhões de brasileiros, recuperou-se da covid-19, mas por causa da travessia na experiência inteira. Travessia, atravessamento da *memória de expressão oral* que, enfim, serve como grude e elo histórico de multidões.

> Num primeiro momento, quando pensei: "Agora não tenho mais meu companheiro", confesso que fiquei meio depressiva. Fiquei mesmo em depressão nos primeiros meses. Depois, conversei com a minha mãe, de 69 anos, e ela me disse:
>
> – Olha, minha filha... sinto muito por você ter perdido o seu companheiro, mas você precisa continuar vivendo. Porque o Cidinho morreu. Você não! Você está viva, e por isso tem que continuar vivendo. Então, renova os seus projetos de vida: pensa em suas filhas, na sua neta e nos projetos de vida que você tem.
>
> Márcia Aparecida Rodrigues

Notas

[1] Ludwig Wittgenstein, *Tractatus Logico-Philosophicus*, São Paulo, Editora da Universidade de São Paulo, 2021, p. 245.

[2] Michel Maffesoli, op. cit., 1998, p. 169.

[3] Michel Maffesoli, op. cit., 2021.

[4] Maria Homem, *Lupa da alma: quarentena-revelação*, São Paulo, Todavia, 2020.

[5] Ver Michel Maffesoli, "Comunidade de destino", em *Horizontes Antropológicos*, Porto Alegre, ano 12, n. 25, pp. 273-83, 2006.

[6] Michel Maffesoli, op. cit., 2021, p. 26.

[7] Segundo André de Carvalho Ramos, a emergência declarada é um "(i) evento extraordinário que constitui um (ii) risco de saúde pública para (iii) outros Estados por intermédio de uma (iv) disseminação internacional da doença, o que (v) requer uma resposta internacional coordenada". Ver André de Carvalho Ramos, op. cit., p. 1.111.

[8] André de Carvalho Ramos, op. cit., p. 111.

[9] Philippe Ariès, *História da morte no Ocidente: da Idade Média aos nossos dias*, Rio de Janeiro, Nova Fronteira, 2012.

[10] Sandra Jathay Pesavento e Frédérique Langue (orgs.), "Sensibilidades: escrita e leitura da alma", em *Sensibilidades na história: memórias singulares e identidades sociais*, Porto Alegre, Editora da UFRGS, 2007, p. 10.

[11] Ibid., p. 20.

[12] Marcel Proust, *Em busca do tempo perdido*, Rio de Janeiro, Globo, 1983, pp. 144-5.

[13] Alessandro Portelli, *História oral como arte de escuta*, São Paulo, Letra e Voz, 2016, p. 150.

[14] Ibid., p. 150.

Conversar memórias

VÍNCULOS DE DESIGUAIS

> *"Pontos em comum fazem com que a comunicação seja possível, mas é a diferença que a torna significativa. Pontos em comum não precisam significar uma identidade compartilhada, mas sim uma disposição compartilhada de ouvir e de aceitar o outro, criticamente."*
>
> Alessandro Portelli

A pergunta que ainda paira, é: como foi possível trazer cinco histórias de pessoas que não se conheceram e que possuem *diferenças* tão importantes? Em história oral, prioriza-se a escolha de narradores do mesmo *grupamento*: nordestinos, militantes, religiosos, indígenas, ciganos, circenses ou, entre outros, aqueles que experimentaram eventos de consequências relevantes. Amiúde, prepondera a escuta dos *iguais* – o que é significativo. Mas por que não pensar em trabalhos com pessoas que falam a partir de *comunidades* desiguais? Pensa-se, pois, não somente nos *pontos em comum*, mas, inclusive, nos *pontos incomuns*, sejam de pessoas, de *comunidades* ou de experiências diversas. O que se pretende não é só acolher de forma crítica os *comuns*, mas saudar os *incomuns* e problematizá-los no melhor sentido analítico. Por isso, Portelli, entre outros, tem razão ao valorizar sobremodo as *diferenças*.[1]

Cabe, ainda, perguntar: aquelas pessoas que sofrem violência de gênero, assim como Gleice, nada teriam com as mulheres indígenas acometidas por situações parecidas com as de Merina? Mesmo com diferenças relevantes em *projetos raciais*, pessoas negras afetadas com *racismo estruturado*, como descreveu Marco Antonio, não teriam nada a ver com *comunidades* indígenas afetadas? Transposições fronteiriças podem ser perigosas como foram para Mário, mas os deslocamentos forçados também podem ser entendidos em cadências próprias. De outra forma, ter de lutar contra sofrimentos em decorrência da ausência do companheiro – de quem não pôde se despedir – é algo que impôs flagelo à Márcia. Mas não seria de *vidas machucadas* que se diz mesmo quando os modos, as circunstâncias e as peculiaridades de cada caso são específicas?

Aquilo que, a princípio, não se percebe é: mesmo separados, isto é, mesmo em *comunidades de sentido* diferentes, são o padecimento e a recriação da vida que os fazem sobreviver. As histórias distintas sinalizam que não há modelo único para o sofrimento, assim como não há padrões para a reconstrução da vida. Com base nisso, *conversar memórias* é tarefa de quem escuta os dizeres do tempo. É *desnaturalizar*. *Versar* com os narradores das histórias apresentadas é, desde logo, *ato* vigoroso de reconhecimento da *memória coletiva*. Ninguém se exclui da memória partilhada por *comunidades*.

> É interessante que toda mulher que é vítima de alguma forma de violência quer ajudar outras mulheres. Acho isso, além de interessante, algo muito necessário. A empatia, não é?
>
> [...] Algumas mulheres que confiam em mim são mulheres que muitas vezes estão vivendo o último recurso que têm.
>
> Dou suporte, digo o que pode ser feito e o que não pode. Mas mesmo assim é muito difícil sair de um relacionamento abusivo.
>
> Gleice Aguilar dos Santos

Embora em *comunidades* desiguais, essas pessoas entrevistadas estão decisivamente vinculadas. São construtoras de presentes possíveis que de alguma forma respondem ao medo, à insegurança e aos *estilhaços dos tempos*. O problema é entender a *comunidade* como isolada ou ilhada – sem que a sociedade seja seu lugar de produção, de estabilidade, de sofrimento. Sem vínculos societários, não existiriam *comunidades* como as conhecemos hoje. Assim é, não obstante, em relação às lembranças, porque, sem memória, não se filtra o tempo do imediato, e é a partir da memória que pessoas são vinculadas por compassos alternativos. É inequívoco que as *comunidades* estão ligadas pelos fios nas malhas sociais, ainda que se afastem geográfica e culturalmente. E é impossível que sejam acometidas de "solidão" ou de "solipsismo" – esse mal do indivíduo que está se desintegrando entre os escombros da razão moderna. O pressuposto da *comunidade* é a *relação horizontal* – as pessoas estão vinculadas, enquanto se arruína a andança solitária pela experiência da vida.

Assim, a *comunidade* sempre está em risco e o que apresenta, nas entrevistas, é o próprio risco, além do sofrimento que emoldura experiências. A representatividade – tirada de suas formas rudimentares – é a *política de fala das parcelas atingidas*. Ao escutar Gleice, portanto, a Palavra remete àquelas tantas que sofreram violência de gênero. O mesmo se pode inferir, por exemplo, dos órfãos da pandemia e de pessoas enlutadas que foram acometidas com ausências ainda presentes. Em Halbwachs, a *memória coletiva* não é a soma das recordações particulares, mas a coexistência de lembranças invocadas no conjunto. A memória coletiva não carrega consigo só o fenômeno da semelhança, mas da diferença, porque a distinção entre grupos, pessoas e experiências ocorre, antes, no conjunto de lembranças invocado por parcelas.

Desse modo, a sociedade é abrigo de tensões e disputas ininterruptas. Não se pode deixar de tensionar os campos narrativo e ético das *vítimas* para percebê-las como mais do que *frágeis*. Sobreviventes têm capacidade de organização, de luta, de oposição, de contestação e de chamar do que quiser a sua reconstrução de sentidos – inclusive invocando, entre outros, o abstrato "felicidade" como chave para dar a conhecer o efêmero filtrado no *agora*. As chamadas *vítimas* se alegram com circunstâncias, reagem às agressões e têm agência. Não são versões ou réplicas do *frágil*, embora *fragilizadas* por situações, como se fossem *bibelôs intocáveis na mobília da sala de estar*.

As histórias mostraram vínculos entre *comunidades* e contatos mnemônicos entre os vários *grupos*. Demonstraram, nessa senda, que pessoas pertencentes às mais variadas parcelas estão próximas pelo laço da humanidade que ressente, que reage, que reelabora, que nem sempre aceita sua condição *ad infinitum*. Se o ser humano é contingente, a *comunidade* é mais estável – vive, sente, alegra-se; sofre. Há uma rítmica que impõe certa continuidade pelo menos quanto à sobrevivência convocada como condição de continuar sendo o que se é e de não deixar de ser mesmo quando alguém do grupo capitula no caminho. No fechar das cortinas, o ser humano está lá: descortinado, exposto ao testemunho, vinculado por destinos. Entrevistá-lo impõe circunstância conjunta – é caminho que não tem volta. É definitivo. Não há palco, porque não há *ator*: é da vida mesma que se *escreve*.

LEMBRANÇAS SOBREVIVENTES

> *"Nossas lembranças permanecem coletivas e nos são lembradas por outros, ainda que se trate de eventos em que somente nós estivemos envolvidos e objetos que somente nós vimos. Isto acontece porque jamais estamos sós."*
>
> Maurice Halbwachs

A *memória comunicativa* está no *grupo*, no *coletivo* e nas *comunidades falantes*. Também são parcelas *silentes* que reelaboram com alguma frequência a *quietude*. Entrevistar com poucas perguntas, estimulando a memória, permite que os *silêncios* sofram rupturas e depois sejam restabelecidos. O que é contar uma história senão intervalar os silêncios com o próprio *estado de alma*? Em história oral disciplinada, a *fala*, o *silêncio*, além da *lembrança* e do *esquecimento* – riso, pranto e expressões de performances emotivas – são elementos sempre presentes. Para verificá-las, não se requer fazer muitas questões. Aliás, perguntar pouco, e estimular mais a memória, é postura de quem mais quer ouvir com sensibilidade do que enquadrar teoricamente a dor de outros.

Cada entrevistado, à sua maneira, revelou como seleciona lembranças. O ato de recordar nem sempre é fácil e requer trabalho, posto que as *comunidades são emotivas*. A rememoração pode ser dolorida, como no caso de Gleice. Ela embargou a voz, desculpou-se quando sequer precisaria fazê-lo e, assim, demonstrou como a experiência traumática foi convertida em solidariedade. Em *tom* didático e crítico ao mesmo tempo, Marco Antonio, porém, cadenciou de outro modo a narrativa – com *ar* de professor (de quem professa) na melhor acepção. O que Márcia, Merina e Mário demonstravam, por sua vez, é que as lembranças lidam com luto, agressões coloniais e dores transfronteiriças em memórias difíceis.

É assim que a memória opera entre desgastes, esgarçamentos e tensões que partem da própria vida: das rememorações. Como não valorizar as lembranças? Há quem considere que trabalhos centrados em memórias são atraídos por ingenuidades ou que só se poderia ouvir vozes especializadas sobre determinados assuntos. Quem poderia ser mais especialista em vivências do que os viventes? Sobre vivências, pode-se, ainda, indagar o problema da autoridade. Quem compartilha autoridade com quem? O intelectual, desde a universidade, ou aquele que dá entrevista e diz sobre sua própria *comunidade*? Mais empatia, análise e *devolução*

> No tempo em que eu era criança havia muitos rezadores. Alguns rezadores, também chamados de xamãs, não ouviam somente a Palavra, que é *Nheẽ* na nossa língua, mas eles viam *Nheẽ*. Ou seja, eles viam a Palavra. Com os olhos deles era possível enxergar a Palavra que tocava em nós, na nossa alma: porque a Palavra é a lembrança e a lembrança se mostra na fala da gente.
> [...] São tantas lembranças. Quando eu abro uma lembrança em mim, existe outra lá dentro – todas são como águas do que na nossa língua é o *Nheẽ*, que é a Palavra da alma. Algumas são lembranças felizes, sim. Outras nem tanto. Tem muito sofrimento na gente.
>
> Merina Adelina Ramona

social: eis a tarefa de *colaboração* em história oral, ao tempo em que se acha entre ruínas o *saber autocentrado*.

A pretensão de ensinar o indígena a ser indígena, o quilombola a ser quilombola e escrever a versão autocentrada da História dos outros está em declínio. A *atitude de fala* é uma postura da *comunidade* motivada pela própria condição, e isso se faz a partir de lembranças. Na aldeia, o cacique, a rezadora e demais indígenas compartilham *memórias étnicas*. Nas *comunidades* remanescentes de quilombo, o caminho indicado é ouvir, então, aquilo que tem a dizer o quilombola. Em história oral, o papel do oralista é ativar escuta contínua, acolher com empatia, criticar com respeito[2] e devolver o produto escrito em forma de *fomento à dignidade comunitária*. Posto que "a memória, na verdade, não é mero depósito de informações, mas um processo contínuo de elaboração e reconstrução de significado", resta que a escuta ativa, qualitativa, supõe ser o *outro* mais do que *prestador de informações* às boas pesquisas.[3]

Boas histórias, a propósito, são aquelas que falam e fazem falar a memória. Um pós-graduando da etnia *Guarani* aprendeu com familiares, e depois escreveu, que importava, no caso indígena, "fazer o papel falar".[4] É instigante, porque o dado universal é de que o papel serve como suporte principalmente para a *escrita moderna*. Assim é que se tem lastros na história da leitura, como nas obras de Roger Chartier, e que, por sua vez, Robert Darnton se perguntou sobre o que é a história do livro. Desse modo, a imprensa de Johannes Gutenberg se tornou indispensável para que as ideias circulassem na Europa a partir do século XV e moldassem a forma de pensar do europeu. E quanto aos não europeus?

Por excelência, a oralidade e a memória, ambas vertidas com ubiquidade na cultura brasileira, estruturam – de formas díspares – o modo de ser latino-americano de Mário e o modo de ser indígena de Merina. As *comunidades* periféricas se posicionam na ordem da sobrevivência a partir da *memória de expressão oral*. O que faz a modalidade aplicada da história oral senão convocar um passado e examiná-lo ou analisá-lo?

Sacudir a autoridade do documento escrito, esfriado pelas letras, e dar outro ponto de partida – a oralidade mesma! – é escuta como trânsito no mundo do outro. Importam menos as *autoridades do escrito* e mais, por outra vertente, a *revolta do oral*, que se firma no retorno do *comunitarismo* no século XXI.

Pouca coisa na história de Márcia explica mais do que seu cotidiano. Assim acontece com os outros quatro entrevistados desta obra, razão pela qual se rejeitam a *fragmentariedade de espécie cartesiana* e a mutilação textual de histórias contadas com dedicação, com inteireza. Porque a vida não pode ser fragmentada, as histórias inteiras valem a pena. Toda experiência é bem-vinda e precisa ser lida para além de sua utilidade. Sem o "romantizar sobrevivente", o que se quer não é *fonte inerrante* e tão somente *confiável*, mas *standards de histórias* caracterizados pela credibilidade: "Os lapsos e incertezas das testemunhas são o selo da autenticidade".[5]

Talvez seja por isso que tenhamos aprendido a "amar esse discurso tateante, suas pausas, suas franjas com fios perdidos quase irreparáveis".[6] Lembranças são sempre sobrevivências de situações ausentes, que, entretanto, modificaram o curso da história da vida de alguém. Se se disse tanto, e com razão, do *dever da memória*, está no horizonte a noção de *responsabilidade da memória*.

DIGNIDADE COMUNITÁRIA

"A memória só vem depois de calar."

Carlos Nejar

O conjunto de sintomas do nosso tempo, essa sintomatologia incômoda, nos faz perguntar sobre o *terreno* dos direitos e as entrevistas realizadas. Na realidade, o que tem a história oral com os direitos dos quais reclamam as *comunidades*? Ainda que sob a égide do tempo da crise que faz a *modernidade* rondar como espectro, *comunidades* requerem proteção enquanto solidificam o núcleo estruturante da sociedade.

São composições históricas negociadas que permanecem ainda que com contornos alternativos do agora: estruturas políticas, econômicas, jurídicas e religiosas, entre outras. Uma das mais resistentes edificações na consolidação da *modernidade* permanece, embora tendo de se defender de propostas ora aniquiladoras, ora minimalistas – *Lo Stato Moderno*, para recordar Nicola Matteucci.[7] Sob aparentes contradições entre temporalidades *modernas* e *mais do que modernas*, as transposições entre períodos não foram suficientes para afastar legados de um tempo que ainda resta no outro.[8] Em outras palavras, há muito da *modernidade* no tempo de retorno das *comunidades*: toda a estrutura com que se erigiu o edifício que escalamos até o imediato.

Se, como sinal, existem descrenças a respeito das instituições ou sobre o sistema de justiça (produto dos tempos e da conjuntura política), a proteção de direitos está, por lógico, na agenda do período contemporâneo. Histórias efervescentes, que remetem às violações, tocam no dado concreto da proteção à *dignidade*

> Senti uma indignação profunda, porque entraram na minha casa sem autorização, e, porque eu sou venezuelano, acusaram-me de um crime que nunca provaram. [...] Tive que ficar calado para não sofrer "represália", conforme disse o advogado. Dói muito quando a gente sofre xenofobia e falsa acusação só por ser venezuelano.
>
> Mário José Paradas

da pessoa humana como queria Immanuel Kant: o ser humano, "todo ser racional existe como fim em si mesmo, não só como meio para o uso arbitrário desta ou daquela vontade".[9] Mas, agora, o horizonte se recompõe: *a dignidade da pessoa humana* é reflexo da *dignidade comunitária* a ser protegida: estão em voga, ainda mais, os chamados *direitos difusos e coletivos*. O "fim em si mesmo" dá lugar à finalidade *comunitária* que reconfigura reivindicações aglutinadas.

Mas o que teriam as *comunidades* do período *mais do que moderno* com a dignidade da pessoa humana conforme apresentada na *modernidade*? Ora, as *comunidades* são grupos que centralizam como núcleo e razão de ser a *dignidade de seus membros*. Aliás, sabe-se que os direitos ganharam conotações dimensionadas por necessidades que excedem os ideais do século XVIII nos Estados Unidos, na França e em outras partes da Europa. É desse modo que, respeitando-se conquistas históricas e, por evidente, o Direito Internacional dos Direitos Humanos, torna-se possível pensar na presente *Era dos Direitos*[10] a partir desse novo solo das histórias, das memórias difíceis – *topoi* potente e criativo.

Sem ser *culturalista*, por assim dizer, a modalidade aplicada da história oral está sempre preocupada com *devoluções sociais* das pesquisas para públicos mais amplos. Além disso, os processos educacionais coletivos estão no campo de atenção da história oral. Em *memória de expressão oral* se pretende sempre, por meio de parcerias e do diálogo institucional, que as narrativas incessantes de *comunidades afetadas* sejam ouvidas. A história da família de Márcia é a história de tantas! Ainda que faltem projetos de história oral com os chamados "órfãos da pandemia", entre outros, poder-se-ia defender o direito à reparação possível, por exemplo. Que dizer da urgência sobre o fortalecimento de *redes de proteção* às mulheres que sofrem violência doméstica e intrafamiliar como no caso de Gleice?

O que se quer, aqui, é: a história oral tende a ir ainda mais longe do que a (não tão) simples produção de conhecimento. Pretende trabalhar com *comunidades sensíveis*, tais como as *comunidades* indígena e venezuelana, mas sem perder do horizonte a empatia que *comove*. Explicando, torna-se possível dizer que a empatia não é um fim em si mesma, assim como o indivíduo não mais é a única finalidade do mundo. Central em quaisquer percursos de memórias alquebradas e de escutas sensíveis, a empatia ganha significação social quando a história oral é capaz de instruir – por meio da demonstração franca da realidade cruenta – a proteção de direitos que atendem clamores sociais, *comunitários*.

Uma postura intelectual "antipática" poderia ser, doutro lado, aquela que enxerga pessoas só como documentos gelados ou congelados e, por isso, perde-se do horizonte o campo de afetividade, de mobilização na proteção do *outro*. Pelo reverso, a história oral pretende *comover* (*co-mover*) no sentido de mover junto ou mover no conjunto. Não é satisfatório, pois, assistir à sobrevivência e às sequelas de grupos sem *comover*. Entendendo as funções distintas do Estado (herança clássica do *moderno*) e de órgãos jurisdicionais, a história oral, que ecoa dentro da Universidade, intramuros, requer a *coragem da fala* para fora do importante espaço acadêmico.

VIOLÊNCIA(S)

> *"A violência não é somente uma ação de coerção; é também uma pulsão que pode ter como finalidade apenas sua expressão, satisfazendo assim certa cólera, ódio, um sentimento negativo, que buscam a se concretizar. O objetivo não é constranger, mas exatamente aviltar, destruir ou se construir pela passagem ao ato."*
>
> Xavier Crettiez

No sentido da política *moderna* – conforme depreendido por Hannah Arendt – a "violência nada mais é do que a mais flagrante manifestação de poder".[11] Existe espalhada no tecido social *comunitário*, porém, a dimensão mnemônica da qual não se prescinde em matéria de espécies violentas. Como se pôde notar, as *vidas machucadas* trouxeram consigo experiências marcantes que modificaram o campo de expectativas das pessoas e lhes performaram os espaços desejantes. As violências mostram-se, então, contumazes quando o que se agride é a vida muito além das liberdades em sentido absorto. O que entrevistas de história oral parecem demonstrar é que os episódios de violência são agressões dos laços humanos no interior de grupos afetados.

Não se perde de perspectiva, então, que as violências são também ofensivas reiteradas às memórias de grupos atingidos. Isto é, o ser humano, este *ser recordatório*, tem na memória as impressões do que foi, mas mais do que isso: tem nas recordações a sua capacidade vinculadora e as suas diferenças que conformam vivências. Memória é, pois, tecido mole, sensível e que requer proteção. Quando há violência, podem existir ressentimentos, marcas que reviram as lembranças e que, por conseguinte, desorganizam a vida em grupo. Se é certo que nossa individualidade foi posta em xeque, a agressão de alguém do grupo não é una, estanque, individual; agride-se, assim, ao menos na essência do laço social, os outros participantes – *a vitalidade*, o código interior da *comunidade*. Os acintes sofridos por Mário, por exemplo, transpõem a corporeidade em si; atacam, por inteira, a *memória* de seres humanos que ousam migrar.

Memória é elemento de grupo, e ainda que se possa ponderar melhor os pressupostos de Halbwachs (como fez Paul Ricœur), não se pode negar que a memória pessoal é expressão singular do todo das vivências de determinados grupos. As violências relatadas nesta obra são várias. Encontram na pluralidade das *comunidades* certas diferenças e gradações – cada deflagração violenta se dá em contornos determináveis. Não se romantiza o sobrevivente, mas a vítima, da *ideologia da vítima*, apresenta-se, amiúde, limitada por conceitos e abstrações evitáveis. *Desfragilizar* a pessoa é, pois, considerá-la no grupo como quem tem a cicatriz do recomeço, do rearranjo e da reorganização de *si*. Mas essa não é ideia que fomenta certa "banalidade da sobrevivência", e não se pode isentar os agressores do laço social em relação à proteção da *dignidade comunitária*.

O que se propõe, neste ensejo, não é reavaliar as tipologias da violência ou fazer diferenciações algo abstratas entre categorias; quer-se indicar, a partir das sobrevivências, o que resta de alguém que viveu a realidade mesma e, depois, colocou-se em caminhos de reconstrução no significado do vivido, do viver. Partiu-se sempre de casos dimensionados pela concretude em que se pode propor abordagens empíricas. Em outros termos, o sobrevivente é aquele que sempre pode ser identificado porque carrega no corpo, bem como na memória transcorporal, elementos determinados e determináveis. Mostra de violência recorrente é, por exemplo, a de ataques sofridos por populações *Kaiowa* e *Guarani*, conforme expôs Marco Antonio.

A CIDH "pôde verificar que a grave situação humanitária sofrida pelos povos *Guarani* e *Kaiowá* é decorrente, em grande parte, da violação de seus direitos territoriais".[12] Em diálogo com o procurador da

República, abordaram-se diversos crimes humanitários com base no Estatuto de Roma e no próprio ordenamento jurídico brasileiro. O MPF imputou crimes cometidos contra indígenas no conhecido Massacre de Caarapó, mas o caso, ainda sem ser julgado, chamou a atenção do sistema interamericano de proteção dos direitos humanos.

A CIDH descreveu o Massacre de Caarapó, ocorrido no dia 14 de junho de 2016, na aldeia Tey'i Kue: "Clodiodi de Souza foi morto e outros seis indígenas ficaram feridos, incluindo um menino de 12 anos." Nada obstante, a Comissão constatou os "frequentes ataques realizados por milícias armadas que causaram várias mortes e desaparecimentos".[13] Somente em 12 de janeiro de 2022 a Justiça Federal deu início às audiências no processo criminal relativo ao caso, o que, para Marco Antonio, indica anomalias no sistema de justiça.

> A partir do momento em que não há punição, há a percepção de que esse comportamento é aceito. Qual é a tendência? A tendência é que esse crime venha a se repetir. Tivemos um caso em Caarapó, em 2016. Ele é semelhante a um caso que ocorreu, em Laguna Carapã, no ano de 2005. A mesma coisa: pessoas, de dia, atirando nas populações indígenas como se fossem alvos humanos com a convivência – no caso de 2005 – das forças policiais que foram reportadas como presentes.
>
> Marco Antonio Delfino de Almeida

Segundo o procurador da República o problema é grave, pois inclui dificuldades de "acesso ao nosso sistema de justiça porque há uma resistência do Judiciário em reconhecer o direito dessas populações". A CIDH recomendou ao Estado brasileiro, dada a gravidade da violência praticada contra indígenas (entre outras parcelas que atraíram a atenção da Comissão), que adote a postura de: "investigar, sancionar e reparar as ameaças, ataques e violência contra membros dos povos indígenas e quilombolas causados por agentes estatais ou privados em decorrência de atividades de defesa ambiental ou em outros contextos, incluindo o caso do 'Massacre de Caarapó' e outros casos mencionados neste Relatório".[14] Contra os povos indígenas, os massacres se repetem: quem não se lembra de Galdino Pataxó, morto de forma bárbara em

Brasília, no Dia do Índio de 1997 – em decorrência de queimaduras – por cinco pessoas oriundas da classe média alta?

A memória indígena está, pois, em chamas e os ataques – conforme apontam os estudiosos, o MPF e os organismos internacionais – parecem não cessar. Assim como Galdino Pataxó, existem outros indígenas que foram agredidos, torturados, mortos ou, em alguns casos, anonimados seja por invisibilidade, seja por *indiferença hostil*. Muitos há que, como Clodiodi, não sobreviveram. Mulheres, indígenas, homens negros, imigrantes, pessoas afetadas na pandemia de covid-19 – em cada *comunidade* a urdidura violenta é o descompasso do próprio *destino* comum.

O problema da impunidade escancarada por Marco Antonio impõe, pois reclamos à proteção de *comunidades* que são vulnerabilizadas por agressões sistêmicas. São *comunidades* tenazes, em que a tenacidade não é só "virtude", mas a única possibilidade de, na medida do factível, reconstruir a trajetória que for possível. Marco Antonio se preocupa com o problema da impunidade. Sem rasgar garantias constitucionais – pelo contrário! –, o que ele propõe é que, com ausência de punição, os crimes mencionados se repetem. Para ele, portanto, sem transição constitucional, o *projeto racial* contra os indígenas vige intacto. No entanto, o que se faz com a *memória*?

Remexer as memórias dói, segundo recordou Gleice em situação de entrevista. Vários interlocutores ao longo de trabalhos com o gênero narrativo de *história oral testemunhal* referem, de igual forma, sofrimentos profundos. De sua parte, a *história oral testemunhal* cria certo constrangimento necessário e convida ou estimula à proteção, à proposição, à salvaguarda da memória como patrimônio existencial (tomando-se patrimônio num sentido mais amplo).

CICATRIZES

> *"Você põe o ponto-final,*
> *e ali mesmo ele se transforma em reticências..."*
>
> Svetlana Aleksiévitch

As cinco trajetórias têm em comum – além dos rastos da sobrevivência – a voz testemunhal. Porque, nestas histórias difíceis, quem sofre o trágico também percebe, sorve ou ressente, na maior parte das vezes, a própria dor da *comunidade*. A *comunidade* não é sinônima de igualdade imaginada de fora, mas abriga, mais do que diferenças, as dessemelhanças; não é só lugar, então, de situações dramáticas, mas de retomadas vivazes, de alegrias ainda que efêmeras. Assim foi que Gleice, quer como policial militar da ativa, quer depois de aposentada, partiu ao encontro de mulheres que viveram de igual forma episódios de violência. A narradora refere satisfação ao ajudar outras mulheres em lances de solidariedade organizada.

De maneira semelhante, Mário compreendeu a *comunidade* venezuelana para além de si – como se existisse uma Venezuela em trânsito nos outros e certa geografia caminhante da memória. Merina, por seu turno, preocupou-se não somente com o meio ambiente já devastado, mas, de maneira semelhante, com o *destino* do povo *Kaiowa*. A inclinação de Marco Antonio em transpor o campo de visão particular em busca de proteção aos direitos de indígenas foi seu tônus narrativo. Depois, as críticas justificadas de Márcia, para além do drama individual, apontaram, com ênfase, as responsabilidades de agentes públicos na tragédia provocada pela covid-19.

Disposições de palavras verbalizadas, enfim, permitem

> A falta é difícil... Até os seis meses depois da morte dele eu fiquei muito mal. Mas muito mal mesmo! Depois, ainda inconformada, eu comecei a "colocar os pés no chão", como se diz, porque de alguma forma a vida tem que seguir. Infelizmente foi um trauma coletivo. Não foi só a gente que vivenciou essa situação! O governo federal foi negligente! As políticas públicas brasileiras estão piores a cada dia, não é? Estão cortando recursos da saúde e da educação... Não há perspectivas de que alguma coisa possa melhorar nesse sentido.
>
> Márcia Aparecida Rodrigues

que a análise seja feita a partir dos narradores, das histórias que valem por si. Por isso, a simples coexistência *comunitária* – e a existência de outras *comunidades* – inibiu, pelo menos nos episódios contados, a prevalência da percepção ególatra do mundo. Nesse diapasão, as histórias seguem na trilha da *desindividualização*. Ainda assim, a filtragem do *nós* pelo *eu* e a mirada para fora da performance pessoal sinalizam a *comunidade*; permitem pensar não sobre se existem futuros possíveis, mas quais futuros são possíveis e o porquê de o "agora" ganhar dimensão de importância sem precedentes.

Se existem futuros, os tais não são dados antecipadamente, isto é, não são previsíveis; assim, deixam de atender ao acaso. Os futuros imaginados são sempre produtos do imediato abrasador que envolve grupos humanos. Daí se dizer que importam mais as cicatrizações do que a aparência da pele cicatrizada no porvir.

As histórias de vida, ainda que terminem, não têm fim enquanto a vida não tiver fim. Os futuros são construtos sempre imaginados e projetados no cotidiano, apesar de tensões políticas, econômicas e sociais, entre outras. Por essa razão a cicatriz é textura de memória que, contudo, ganha significado quando vista no tempo do *já* – componente do imaginário e da linguagem esperançada.

Memória não é só atitude que olha para a vida em retrospectiva ou pelo retrovisor. Pelo contrário, a memória rege o campo das intenções de cada entrevistado e os imaginários das *comunidades* que operam contra estruturas rígidas. Nesse sentido, a memória é maestrina. Os futuros conjuntos são, assim, edificações coletivas que convocam a narrativa do passado para marcar singularidades e apontar os destinos comoventes. Falar do imediato de *comunidades*, nesse estágio da vivência social, é falar de sobrevivência e de comoção em função de quantos não tenham sobrevivido. Observando-se melhor, é possível evidenciar aqueles que, de outro ângulo, tenham sobrevivido precariamente.

As preocupações centrais dos entrevistados não repousam mais tão somente na existência do futuro, pois o distanciamento do ideal progressista moderno (século XIX), linear, provoca sensações de que mais importa a prevalência no imediato. A xenofobia sentida por Mário é reverberação pessoal daquela vivida por milhares (comunidade venezuelana). É, desse modo, mais do que simples réplica ou modelo de outros casos. Sem mimetizar dores, as *comunidades* sentem na confluência coletiva o mal-estar dos episódios de longo alcance. As histórias são mais do que tipos ideais ou parâmetros teóricos; são meios que reforçam laços estáveis ou apenas transitórios. São dores estranhamente originais e curiosamente conjuntas. Cada dor carrega, pois, uma história; cada qual se faz dor que dói diferente e, paradoxalmente, no conjunto aglutinador.

Os futuros imaginados estão assim mesmo, sempre no plural. Por isso, *comunidades* os estabelecem à base de certezas em trajetos refeitos. Mas os futuros não são absolutos, claro. Há quem duvide deles. Não dá para tocar no porvir senão por meio da textura e da aparência de tecido cicatrizado. São expectativas projetadas, cuja interpretação emotiva é, pois, a linguagem comum da esperança. Anguladas de outra maneira, as sobrevivências são, portanto, elaboradas sempre com base em urgências que põem em crise o modelo retilíneo de ser (como se a vida fosse uma ordem cronológica!).

Imersos na discussão dos duplos: "bem" e "mal", "verdade" e "mentira", "este" e "aquele" – tudo radicalizado por sentimentos ou por expressões ferinas –, setores da sociedade estão inflamados. Retorna-se, ao mesmo tempo, à dogmática e ao aquecido "mercado de bens de salvação" (expressão importante para a sociologia da religião).[15] Indicadores de pobreza são insuficientes para comprovar misérias. A metodologia de persuasão parece atrasada: tentam convencer o humano imediato com base em derivados filosóficos da razão em voga nos séculos XVIII, XIX e, em grande parte, nos fundamentos da *modernidade*. Mas por que os argumentos centrados no racional nem sempre convencem? Por que um *banho de lógica* não lava a alma dos esclarecidos?

Os tempos que traem ideais de secularização, isto é, do esvaziamento de elementos mágicos, são os mesmos que só arrastam – ou convencem – por meio do sentimento de grupo, do *bando*, da *turma*.

As *comunidades* só se deixam atrair, desse modo, por meio das histórias de pessoas com cicatrizes para mostrar e das experiências que circulam nelas: *comunidades* são, de alguma forma, táteis (demonstráveis), além de audíveis. Na passagem para o século XXI, finalmente se transformou o interesse hegemônico pela História em interesses pelas histórias. Enfim, pessoas reclamam pela presentificação de pessoas por quem têm afeto, raiva, amor e ódio, entre outras expressões. Ou seja, não se quer mais tanto o conceito, mas a relação; nem tanto a grande narrativa estrutural, mas as historinhas eivadas de metáforas, de sentimentalidades, de intimidades reveladas ou de razões cotidianas. Num certo sentido, essa Era dos Levantes/das Revoltas parece ser, de igual forma, o *tempo de nudez* com valores expostos na velocidade do mundo digital: quase *todos* parecem expostos, vistos e consumidos por *todos*.

Desfragilizar é atitude oposta à negação do trágico. Gleice, Mário, Merina, Marco Antonio e Márcia ensinam que *comunidades* revitalizam, recriam o *tom vital* da experiência; que *comunidades* enfrentam, sofrem perdas, pessoas ficam à beira do caminho e isso não pode ser banalizado. Mas o que, além disso, essas pessoas ensinam? Que a vida pode ser *transcriada* – que a realidade dá forma ao sentido quando se orienta pela memória sem se perder em retrospectivas ensimesmadas e futurismos. *Transcriar* é selecionar a essência das histórias, surpreender seus intracódigos, aprender com elas e refazer tudo no calor do *imediato não imediatista*. Estética, ética e criatividade vitais requerem sensibilização. No entanto, a história oral pretende ir além do sensível e, remexendo valores civilizacionais negociados, estimular a proteção de direitos encarnados. É também história oral implicada.

Terminar de escrever é se despedir, instaurar uma falta e, com isso, cumprir com o *destino* de autores. Sensação de falta é sensação de ausência do presente quando se pensa na possibilidade de novas cicatrizes – a suspensão temporária no domínio do escrito. Maurice Blanchot, a propósito da literatura profética, disse que "quando a palavra se torna profética, não é o futuro que é dado, é o presente que é retirado", assim como "toda possibilidade de uma presença firme, estável e durável".[16] Aqui, não se trata evidentemente de profecia, tampouco da lógica que esfriava o calor da experiência imediata. De minha parte, não há mais futuro que se baste, conquanto ainda se esteja tratando do rasgo do tecido social e da solidariedade. Há a *transcriação do humano* – que é aquilo que se pode fazer com o que sobrou, com a sobrevivência (ou vivência que restou). Uma reestilização do humano, ou, simplesmente, um outro *design* para pensar a(s) vida(s) machucada(s) se impõe.

Notas

[1] Ibid., p. 14.

[2] O emprego da "crítica" e da palavra "criticar", aqui, está relacionado à atividade intelectual da análise. Pretende-se o seu sentido *digno* na atividade intelectual.

[3] Alessandro Portelli, op. cit., p. 18.

[4] Refiro-me ao ex-orientando Natanael Vilharva Cáceres, a quem agradeço pela reflexão.

[5] Ecléa Bosi, *O tempo vivo da memória: ensaios de psicologia social*, São Paulo, Ateliê Editorial, 2003, pp. 63-5.

[6] Ibid., pp. 63-5.

[7] Nicola Matteucci, *Lo Stato moderno: lessico e percorsi*, Bolonha, II Mulino, 1997, p. 15.

[8] Da mesma forma como, por exemplo, o fim do período conhecido como Brasil Colônia não extirpou a colonialidade, o período contemporâneo que pode ser denominado de pós-modernidade (termo precário e de passagem) não extingue os legados da modernidade e suas estruturas das quais as *comunidades* são legatárias.

[9] Immanuel Kant, *Textos selecionados – fundamentação da metafísica dos costumes*, São Paulo, Abril Cultural, 1980, pp. 134-5.

[10] Sobre a expressão e sua história, ver Norberto Bobbio, *A Era dos Direitos*, Rio de Janeiro, Elsevier, 2004.

[11] Hannah Arendt, *Sobre a violência*, Rio de Janeiro, Relumé-Dumará, 1994, p. 30.

[12] Comissão Interamericana de Direitos Humanos, op. cit., p. 34.

[13] Ibid., p. 34.

[14] Ibid., p. 199.

[15] Sobre a expressão "mercado de bens de salvação", ver Pierre Bourdieu, "A dissolução do religioso", em *Coisas ditas*, São Paulo, Brasiliense, 2004, p. 120.

[16] Maurice Blanchot, *O livro por vir*, São Paulo, Martins Fontes, 2005, p. 114.

Referências

ALEKSIÉVITCH, Svetlana. *A guerra não tem rosto de mulher*. São Paulo: Companhia das Letras, 2016.

ALMEIDA, Marco Antonio Delfino. Reserva Indígena de Dourados: deslocados internos entre inimigos e/ou indiferentes. In: MOTA, Juliana Grasiéli; CAVALCANTE, Thiago Leandro (orgs.). *Reserva Indígena de Dourados*: histórias e desafios contemporâneos. São Leopoldo: Karywa, 2019.

ALMEIDA, Maria Regina Celestino de. "A atuação dos indígenas na História do Brasil: revisões historiográficas". *Revista Brasileira de História*. São Paulo, v. 37, n. 75, 2017, pp. 17-38.

ALMEIDA, Silvio Luiz de. *O que é racismo estrutural?* Belo Horizonte: Letramento, 2018.

ANTUNES, Ricardo. *O privilégio da servidão*: o novo proletariado de serviços na era digital. São Paulo: Boitempo, 2018.

ARENDT, Hannah. Sobre a violência. Rio de Janeiro: Relumé-Dumará, 1994.

ARIÈS, Philippe. *História da morte no Ocidente*: da Idade Média aos nossos dias. Rio de Janeiro: Nova Fronteira, 2012.

BACHELARD, Gaston. *A psicanálise do fogo*. São Paulo: Martins Fontes, 1994.

BALANDIER, Georges. "La situation coloniale: approche théorique". *Cahiers Internationaux de Sociologie*. Paris, v. 11, pp. 44-79, 1951.

_____. "A Noção de Situação Colonial". *Cadernos de Campo*. São Paulo, n. 3, pp. 107-131, 1993.

BAUMAN, Zygmunt. *Modernidade líquida*. Rio de Janeiro: Jorge Zahar, 2001.

BERGSON, Henri. *A evolução criadora*. São Paulo: Martins Fontes, 2005.

BLANCHOT, Maurice. *O livro por vir*. São Paulo: Martins Fontes, 2005.

BOBBIO, Norberto. *A Era dos Direitos*. Rio de Janeiro: Elsevier, 2004.

BOSCO, Francisco. *A vítima tem sempre razão?* São Paulo: Todavia, 2017.

BOSI, Ecléa. *Memória e sociedade*: lembranças de velhos. São Paulo: T.A. Editor, 1979.

_____. *Memória e sociedade*: lembranças de velhos. São Paulo: Companhia das Letras, 1994.

BOURDIEU, Pierre. "A dissolução do religioso". In: *Coisas ditas*. São Paulo: Brasiliense, 2004, pp. 119-125.

BRAND, Antonio Jacó. *O impacto da perda da terra sobre a tradição kaiowá/guarani*: os difíceis caminhos da palavra. Porto Alegre, 1997. Tese (Doutorado em História) – Pontifícia Universidade Católica do Rio Grande do Sul, PUC.

BRASIL. Instituto de Pesquisa Econômica Aplicada. Ministério da Economia. *Atlas da Violência 2017*. Brasília: Ipea, 2017.

_____. *Imigração Venezuela-Roraima*: evolução, impactos e perspectivas. Brasília: Ipea, 2021.

BUTLER, Judith. Os atos performativos e a constituição do gênero: um ensaio sobre a fenomenologia e teoria feminista. *Chão da Feira*, [s. l.], Caderno n. 78, 2018.

CAVALCANTE, Thiago Leandro Vieira. *Colonialismo, território e territorialidade*: a luta pela terra dos *Guarani* e *Kaiowa* em Mato Grosso do Sul. Jundiaí: Paco Editorial, 2016.

CERTEAU, Michel de. *A invenção do cotidiano*: artes de fazer. Petrópolis: Vozes, 1998.

CHAMORRO, Graciela. Prefácio. In: MOTA, Juliana Grasiéli Bueno; CAVALCANTE, Thiago Leandro Vieira. *Reserva Indígena de Dourados*: histórias e desafios contemporâneos. São Leopoldo: Karywa, 2019.

COMISSÃO INTERAMERICANA DE DIREITOS HUMANOS. Situação dos direitos humanos no Brasil: aprovado pela Comissão Interamericana de Direitos Humanos em 12 de fevereiro de 2021. [S. l.]: OEA, 2021.

CRETTIEZ, Xavier. *As formas da violência*. São Paulo: Edições Loyola, 2011. ERLL, Astrid. *Memoria colectiva y culturas del recuerdo*. Estudio introductorio. Bogotá: Ediciones Uniandes, 2012.

FREUD, Sigmund. *A interpretação dos sonhos*. Vol. IV. Obras Psicológicas Completas de Sigmund Freud – edição standard brasileira. Rio de Janeiro: Imago, 1996.

GIGLIOLI, Daniele. *Crítica da vítima*. Belo Horizonte: Âyné, 2016.

GINZBURG, Carlo. *Mitos, emblemas, sinais*. São Paulo: Companhia das Letras, 2007.

REFERÊNCIAS 187

GOMES, Antonio Maspoli de Araújo. *"Melhor que o Mel, só o Céu"*: trauma intergeracional, complexo cultural e resiliência na diáspora africana (um estudo de caso do Quilombo do Mel da Pedreira, em Macapá, AP). São Paulo, 2017. Tese (Doutorado em Psicologia Clínica) – Pontifícia Universidade Católica de São Paulo, PUC.

GONZALEZ, Lélia de Almeida. Fragmento. In: *Revista Cult* – Edição 247, Julho de 2019.

GUMBRECHT, Hans Ulrich. *Produção de presença*: o que o sentido não consegue transmitir. Rio de Janeiro: Contraponto; Ed. PUC-Rio, 2010.

GUTIERREZ, Luis Alberto Méndez. *O migrante como lugar ético-metafísico a partir da obra Totalidade e infinito, de Emmanuel Levinas* Porto Alegre, 2018. Dissertação (Mestrado em Filosofia) – Pontifícia Universidade Católica do Rio Grande do Sul, PUCRS.

HALBWACHS, Maurice. *A memória coletiva*. São Paulo: Revista dos Tribunais, 1990.

HOBSBAWM, Eric. *Era dos Extremos*: o breve século XX: 1914-1991. São Paulo: Companhia das Letras, 1995.

HOMEM, Maria. *Lupa da alma*: quarentena-revelação. São Paulo: Todavia, 2020.

hooks, bell. *O feminismo é para todo mundo*: políticas arrebatadoras. Rio de Janeiro: Rosa dos Ventos, 2019.

IRIGARAY, Luce. *The Sex Which is Not One*. Ithaca: Cornell University Press, 1977.

_____. *Speculum of the Other Woman*. Ithaca: Cornell University Press, 1985.

_____. *An Ethics of Sexual Difference*. Ithaca: Cornell University Press, 1993.

_____. O gesto na psicanálise. In: BRENNAN, Teresa (org.). *Para além do falo*: uma crítica a Lacan do ponto de vista da mulher. Rio de Janeiro: Record/Rosa dos tempos, 1997.

KANT, Immanuel. *Textos selecionados – fundamentação da metafísica dos costumes*. São Paulo: Abril Cultural, 1980.

KILOMBA, Grada. *Memórias da plantação*: episódios de racismo cotidiano. Rio de Janeiro: Cobogó, 2019.

LISPECTOR, Clarice. *Aprendendo a viver*. Rio de Janeiro: Rocco, 2004.

MAFFESOLI, Michel. *O tempo das tribos*: o declínio do individualismo nas sociedades de massa. Rio de Janeiro: Forense Universitária, 1998.

_____. "Comunidade de destino". *Horizontes Antropológicos*. Porto Alegre, ano 12, n. 25, 2006, pp. 273-83.

_____. *Homo eroticus*: comunhões emocionais. Rio de Janeiro: Forense, 2014.

_____. *L'Ère des Soulèvements*: émeutes et confinements, les derniers soubresauts de la modernité. Paris: *Les Éditions du Cerf*, 2021.

MARINHO, Emmanuel. Genocíndio. In: *Margem de papel*. Dourados: Manuscrito Edições, 1994.

MATO GROSSO DO SUL. *Mapa do feminicídio*. Campo Grande: Subsecretaria de Políticas para Mulheres (SPPM); Secretaria de Estado de Cidadania e Cultura (Secic), 2020.

MATTEUCCI, Nicola. *Lo Stato moderno*: lessico e percorsi. Bolonha: II Mulino, 1997.

MEIHY, José Carlos Sebe Bom. *Canto de morte Kaiowá*: história oral de vida. São Paulo: Loyola, 1991.

MEIHY, José Carlos Sebe Bom; SEAWRIGHT, Leandro. *Memórias e narrativas*: história oral aplicada. São Paulo: Contexto, 2020.

MELIÀ, Bartolomeu S. J. Memória, história e futuro dos povos indígenas. In: CHAMORRO, Graciela; COMBÈS, Isabelle. *Povos indígenas em Mato Grosso do Sul*: história, cultura e transformações sociais. Dourados: Ed. UFGD, 2015.

MONTARDO, Deise Lucy Oliveira. *Através do Mbaraka*: música, dança e xamanismo *Guarani*. São Paulo: Edusp, 2009.

MOTA, Juliana Grasiéli Bueno; CAVALCANTE, Thiago Leandro. Apresentação. In: *Reserva Indígena de Dourados*: histórias e desafios contemporâneos. São Leopoldo: Karywa, 2019.

MUNANGA, Kabengele. *Negritude*: usos e sentidos. Belo Horizonte: Autêntica, 2019.

MURA, Márcia. *Tecendo tradições indígenas*. São Paulo, 2016. Tese (Doutorado em História Social) – Universidade de São Paulo, USP.

NEJAR, Carlos. Poema A Águia. In: *Os viventes*. São Paulo: Leya, 2011.

OLIVEIRA, João Pacheco de. *O nascimento do Brasil e outros ensaios*: "pacificação", regime tutelar e formação de alteridades. Rio de Janeiro: Contra Capa, 2016.

OSMAN, Samira Adel. História oral nas fronteiras de imigração e refúgio. In: GATTAZ, André; MEIHY, José Carlos Sebe Bom; SEAWRIGHT, Leandro (orgs.). *História oral*: a democracia das vozes. São Paulo: Pontocom, 2019.

PATAI, Daphne. *História oral, feminismo e política*. São Paulo: Letra e Voz, 2010.

PEDRO, Joana Maria. "Relações de gênero como categoria transversal na historiografia contemporânea". *Topoi*. Rio de Janeiro, v. 12, n. 22, 2011, pp. 270-83.

PEREIRA, Levi Marques. *Parentesco e Organização Social Kaiowá*. Campinas, 1999. Dissertação (Mestrado em Antropologia Social) – Universidade Estadual de Campinas, Unicamp.

PÉREZ LUÑO, Enrique. *Los derechos fundamentales*. Madrid: Tecnos, 2004.

PESAVENTO, Sandra Jathay. Sensibilidades: escrita e leitura da alma. In: PESAVENTO, Sandra Jathay; LANGUE, Frédérique (orgs.). *Sensibilidades na história*: memórias singulares e identidades sociais. Porto Alegre: Editora da UFRGS, 2007, v. 1, pp. 9-21.

PORTELLI, Alessandro. *História oral como arte de escuta*. São Paulo: Letra e Voz, 2016.

PROUST, Marcel. *Em busca do tempo perdido*. Rio de Janeiro: Globo, 1983.

RAMOS, André de Carvalho. *Curso de Direitos Humanos*. São Paulo: Saraiva, 2021.

ROUDINESCO, Elisabeth. *O eu soberano*: ensaio sobre derivas identitárias. Rio de Janeiro: Zahar, 2022.

SAFFIOTI, Heleieth I. B. "Já se mete a colher em briga de marido e mulher. São Paulo em Perspectiva". *Revista da Fundação Seade*. São Paulo, v. 13, n. 4, 1999, pp. 82-91.

_____. "Contribuições feministas para o estudo da violência de gênero". *Cadernos Pagu* [on-line]. n. 16, 2001, pp. 115-36. Disponível em: <https://doi.org/10.1590/S0104-83332001000100007>. Acesso em: jan. 2022.

SALES, Lucas Maceno. *Memórias de suicídio Guarani e Kaiowa na Reserva Indígena de Dourados*: história oral aplicada. Dourados, 2021. Dissertação (Mestrado em História) – Universidade Federal da Grande Dourados, UFGD.

SANTOS, Ynaê Lopes dos. *Racismo brasileiro*: uma história da formação do país. São Paulo: Todavia, 2022.

SAYAD, Abdelmalek. *A imigração*. São Paulo: Edusp, 1998.

SCHAMA, Simon. *Paisagem e memória*. São Paulo: Companhia das Letras, 1996.

SCHWARCZ, Lilia Moritz. *Sobre o autoritarismo brasileiro*. São Paulo: Companhia das Letras, 2019.

SCOTT, Joan. "Gênero: uma categoria útil de análise histórica". *Educação e Realidade*. Porto Alegre, v. 20, n. 2, 1995, pp. 71-99.

THOMSON, Alistair. "Histórias (co)movedoras: história oral e estudos de migração". *Revista Brasileira de* História. São Paulo, v. 22, n. 44, 2002, pp. 341-64.

TODOROV, Tzvetan. *As estruturas narrativas*. São Paulo: Perspectiva, 2006.

WITTGENSTEIN, Ludwing. *Tractatus Logico-Philosophicus*. São Paulo: Editora da Universidade de São Paulo, 2021.

O autor

Leandro Seawright é historiador, professor adjunto nos cursos de licenciatura e bacharelado em História da Faculdade de Ciências Humanas da Universidade Federal da Grande Dourados – FCH/UFGD, além de docente do Programa de Pós-Graduação em História (mestrado e doutorado) da mesma instituição. Possui doutorado pelo Programa de Pós-Graduação em História Social da Universidade de São Paulo – FFLCH/USP. Coordenou o Núcleo de Estudos em História Oral – NEHO/USP. Autor e coautor de livros, entre os quais: *Memórias e narrativas: História Oral aplicada*, publicado ao lado de José Carlos Sebe Bom Meihy pela Contexto.

GRÁFICA PAYM
Tel. [11] 4392-3344
paym@graficapaym.com.br